Dr. Astrid Kopp-Duller, Mag. Livia R. Pailer-Duller

Training der Sinneswahrnehmungen im Vorschulalter

Erfolgreich einer Legasthenie und Dyskalkulie vorbeugen!

> In Erinnerung an unseren lieben Vati und Opi, Herrn Josef Duller, der uns mit viel Liebe, Toleranz, Geduld, Korrektheit und Disziplin fürs Leben lehrte.
> Die Autorinnen

Dr. Astrid Kopp-Duller, Mag. Livia R. Pailer-Duller

© **Dyslexia Research Center AG**
Originalausgabe: Klagenfurt, Mai 2002
2. Auflage: Klagenfurt, September 2008
3. Auflage: Klagenfurt, November 2011
4. Auflage: Klagenfurt, Februar 2017

EÖDL-Verlag, A-9020 Klagenfurt, Feldmarschall Conrad Platz 7
office@legasthenie.com, http://www.legasthenie.com
Auslieferung: Österreichisches Buchzentrum
ISBN 978-3-902657-01-5

Alle Rechte, insbesondere die der Übersetzung in andere Sprachen, vorbehalten. Kein Teil des Buches darf ohne schriftliche Genehmigung des Verlages in irgendeiner Form - durch Fotokopie, Mikroverfilmung oder irgendein anderes Verfahren - reproduziert oder in eine von Maschinen, insbesondere von Datenverarbeitungsmaschinen, verwendbare Sprache übertragen oder übersetzt werden. Die Wiedergabe von Warenbezeichnungen, Handelsnamen oder sonstigen Kennzeichen in diesem Buch berechtigt nicht zu der Annahme, dass diese von jedermann frei benutzt werden dürfen. Vielmehr kann es sich auch dann um eingetragene Warenzeichen oder sonstige gesetzlich geschützte Zeichen handeln, wenn sie nicht eigens als solche markiert sind.

All rights are reserved (including those of translation into other languages). No part of this book may be reproduced in any form - by photo print, microfilm, or any other means - nor transmitted or translated into machine language without written permission from the publisher. Registered names, trademarks, etc. used in this book, even if not specifically marked as such, are not to be considered unprotected by law.

Herstellung: EÖDL-Verlag
Layout und Gestaltung: Livia R. Pailer-Duller, Mario Engel, Klagenfurt
Druck und Verarbeitung: Druckerei Berger, Horn

Inhaltsverzeichnis

Vorwort zur ersten Auflage   5

Vorwort zur zweiten Auflage   7

Vorwort zur dritten Auflage   9

Vorwort zur vierten Auflage   11

Hilfe für legasthene und dyskalkule Kinder schon im Vorschulalter   13

    Wann spricht man von einer Legasthenie oder Dyskalkulie und warum ist es im Vorschulalter nicht möglich, eine Legasthenie bzw. Dyskalkulie zu diagnostizieren?   14

Jedes Kind entwickelt sich   17

    Das Ungeborene   17
    Die Geburt und das Neugeborene   18
    Das Säuglingsalter   18
    Das Kleinstkindalter   21
    Das Kleinkindalter   24
    Das Dreijährige   24
    Das Vierjährige   27
    Das Fünfjährige   31

Differente Sinneswahrnehmungen führen zur Schulunwilligkeit   35

Welche Sinneswahrnehmungen können betroffen sein?	**36**
Wie drücken sich Defizite in den genannten Gebieten aus?	**39**
Anzeichen für mögliche differente Sinneswahrnehmungen im Vorschulalter	**41**

Die Beobachtung als Grundvoraussetzung   43

Intelligenztest?	**45**

Mit dem Computer die Sinneswahrnehmungen schulen   47

Literaturverzeichnis   49

Pädagogischer Sinneswahrnehmungstest im Vorschulalter (PSV) gibt schnell Aufschluss   53

Kontrollblätter	**57**

Praxisteil   115

Lernschachtel	**116**
Arbeitsanleitung	**119**
Übungen und Arbeitsblätter	**125**

Schlusswort   291

Vorwort zur ersten Auflage

Als Kleinkindpädagoge ist man sich ständig seiner großen Verantwortung bewusst, wie notwendig es ist, die einem anvertrauten Kinder so gut wie nur irgend möglich in jeder Hinsicht zu fördern und damit nicht nur auf die Schule, sondern auch für das Leben vorzubereiten. Das Wissen, dass Intelligenz nicht nur angeboren ist, sondern auch großteils erworben wird und zwar verstärkt in den ersten sechs Lebensjahren, macht diese Verantwortung nur noch größer! Ein besonderes Anliegen ist es, das Interesse der Erwachsenen, Kleinkindpädagogen und Eltern für das rechtzeitige Erkennen von Problembereichen und die damit verbundene Förderung zu wecken, damit dem Kind später ein leidvoller Weg erspart bleibt. Es ist wohl ein fataler Fehler, wenn man glaubt, den Dingen einfach seinen Lauf lassen zu können, und dass sich alles früher oder später von selbst in Wohlgefallen auflösen wird. Leidtragende sind die betroffenen Kinder, die sich selbst nicht helfen können. Frühe Hilfen sind eben die wirksamsten. Halten wir deshalb die Augen offen, die Beobachtung ist ein viel effektiveres und wertvolleres Werkzeug, als manche Menschen annehmen.

Ein sehr wichtiger und nicht zu unterschätzender Förderungsbereich ist der Sinneswahrnehmungsbereich. Wie wichtig intakte Funktionen für das Schreiben-, Lesen- und Rechnenerlernen sind, zeigt sich spätestens bei Schulbeginn, wenn das Kind mit den Buchstaben- und Zahlensymbolen erstmals in Zusammenhang mit Leistungszwang in Berührung kommt. Das Vermögen, sich ausdauernd und genau mit der Tätigkeit des Schreibens, Lesens und Rechnens auseinandersetzen zu können, bedingt das Vermögen des exakten Sehens, Hörens und der Raumwahrnehmung. Nur wenn diese ohne Wenn und Aber funktionieren, steht dem Schulerfolg nichts im Wege.

Leider werden gerade in der heutigen Zeit, durch Umwelteinflüsse bedingt, die Sinneswahrnehmungen nicht mehr so wie früher auf größtenteils "natürliche" Art ausgebildet bzw. gefördert. Durch die schnelllebige Zeit sehen und hören Kinder gar nicht mehr so genau hin und zu. Die Oberflächlichkeit ist alltäglich geworden, alles muss schnell gehen, sogar das Sehen und Hören. Wie viele Kinder dürfen heute noch in der Sandkiste stundenlang experimentieren und sich damit wertvolle Erfahrungen in der Raumwahrnehmung völlig unbewusst, weitab von jedem Lernzwang, aneignen? Damit Kinder, die vielleicht auch noch zu den Umwelteinflüssen eine Anlage mitbringen und sich in der einen oder anderen Wahrnehmung von alleine nicht perfekt entwickeln, nicht zu Schulversagern werden, müssen der Kleinkindpädagoge und die Eltern helfend eingreifen. Dass dies möglich ist, zeigen unzählige Beispiele aus der Praxis. Durch die Umsicht des Kleinkindpädagogen und der Eltern kann Kindern rechtzeitig geholfen und damit spätere bittere Enttäuschungen verhindert werden. Gerade bei Defiziten im Sinneswahrnehmungsbereich ist eine frühzeitige Hilfe für den Erfolg ausschlaggebend. Je später die Hilfe einsetzt, desto größer ist die Gefahr, dass das Kind auch psychische Schäden davonträgt.

Wir möchten uns bei den zahlreichen Freiwilligen, die ehrenamtlich mitgearbeitet sowie direkt und indirekt mitgeholfen haben, dass das vorliegende Buch verwirklicht werden konnte, ganz herzlich bedanken. Voran gilt unser besonderer Dank Herrn Mario Engel, der für die Computerunterstützung und das gesamte Layout des Buches verantwortlich zeichnet. Ferner möchten wir uns auch bei Frau Sissi Nuhl, Obfrau des Wiener Landesverbandes Legasthenie, diplomierte Legasthenietrainerin und Kleinkindpädagogin, bedanken, welche die beschriebene Lernschachtel erdacht und entworfen hat. Dies ist ein besonders nützlicher Beitrag und mit nicht allzu großem Aufwand nachzubauen. Spezieller Dank gilt auch Frau Shirley Elliott, Frau Direktor Cheryl Dillenbeck, den beiden Lehrerinnen Fran und Elsie sowie den eifrigen Kindern der Vorschulklasse der First Christian Church in Sarasota für die tatkräftige Unterstützung.

Mai 2002

Vorwort zur zweiten Auflage

Aktueller denn je ist die Thematik der Förderung von Vorschulkindern, insbesondere in den für das Schreiben-, Lesen- und Rechnenerlernen notwendigen Sinneswahrnehmungsleistungen. Durch die Wissenschaft wiederholt bestätigt, ist das einwandfreie Funktionieren dieser Leistungen Voraussetzung dafür, dass der Schreib-, Lese- und Rechenerlernprozess problemlos vonstatten geht. Je früher eine gezielte Förderung auf pädagogisch-didaktischer Ebene durch Kleinkindpädagogen oder von Spezialisten unterwiesene Eltern einsetzt, desto wahrscheinlicher ist es, dass dem Kind spätere Misserfolge in der Schule erspart werden können, die auf unzureichend ausgeprägten Sinneswahrnehmungsleistungen beruhen.

Die Entwicklung der Sinneswahrnehmungen ist zwar grundsätzlich bei jedem Kind unterschiedlich, jedoch kann davon ausgegangen werden, dass man in einem bestimmten Alter Mindestleistungen erwarten kann. Diese Leistungen sollten auch erbracht werden. Das vorliegende Buch beschreibt diese notwendigen Leistungen sehr genau und bietet auch Anleitungen für einfache Überprüfungen. Ferner werden zahlreiche Übungen vorgestellt, anhand derer man eine gezielte Förderung in den verschiedenen Bereichen durchführen kann.

Wichtig ist auch - und es war ein ganz besonders Anliegen der Autoren, dies zum Ausdruck zu bringen bzw. zu erklären -, dass Sinneswahrnehmungen, die nicht ausreichend ausgebildet sind, absolut nichts mit verminderter Intelligenz, sondern ausschließlich mit einer unterschiedlichen Entwicklung des Kindes zu tun haben. Differente Sinneswahrnehmungen sind, solange sie keine physischen oder psychischen Auswirkungen zur Folge haben, auch keinesfalls als eine

Schwäche, Störung, Krankheit oder gar als Behinderung zu sehen! Bemerkt man aber bei Vorschulkindern in einzelnen Bereichen Defizite, sollte man auf keinen Fall die Augen davor verschließen, sondern unbedingt möglichst schnell eine Förderung veranlassen. Je früher eine gezielte Förderung einsetzt, desto schneller stellen sich auch die Erfolge ein.

Die Bedeutung der Spezialisten, welche Vorschulkindern durch ein gezieltes Training der Sinneswahrnehmungen, die für das Schreiben-, Lesen- und Rechnenerlernen unbedingt gut funktionieren sollen, helfen können, wird in unserer Gesellschaft immer mehr zur Kenntnis genommen. Wie wichtig es ist, schon im Vorschulalter Kinder zu fördern, damit erst gar nicht Probleme in der Schule entstehen, ist wohl unbestritten. Von vielen umsichtigen Eltern werden die wertvollen Dienste von Vorschulpädagogen für ihre Kinder in Anspruch genommen und damit ist ein erfolgreicher Schulstart gesichert. Dadurch entstehen erst gar nicht Schwierigkeiten in der Schule, welche nicht selten von viel Frustration begleitet sind. Speziell bei legasthenen oder dyskalkulen Kindern, die durch eine biogenetische Anlage Probleme mit different ausgebildeten Sinneswahrnehmungen haben und dadurch mit den üblichen Methoden in der Schule meistens nicht auskommen, hat sich eine frühzeitige Förderung der Sinneswahrnehmungen schon im Vorschulalter als absolut vorteilhaft erwiesen.

Auch der Arbeit im Kindergarten durch Kleinkindpädagogen, welche sich gezielt mit Vorschulkindern beschäftigen, zollt man nun wesentlich mehr Beachtung und auch Anerkennung, denn nicht nur Betreuungs- und Erziehungsarbeit wird hier geleistet, sondern man ist sich heute auch zum Glück dessen bewusst, dass die Arbeit von Kleinkindpädagogen eine besondere Bedeutung für die Lernbiografie eines Kindes hat. Das gegenwärtige Interesse der Gesellschaft an der frühkindlichen Förderung und somit an der Frühpädagogik ist als besonders positiv zu sehen.

September 2008

Vorwort zur dritten Auflage

Durch das große Interesse an der Thematik, nicht nur von Seiten der Kleinkindpädagogen, sondern auch der Pädagogen im Allgemeinen und auch von Seiten der Eltern, ist das vorliegende Buch nun in der dritten Auflage erhältlich. Dies ist als ausgesprochen erfreulich zu bezeichnen, weil es doch zeigt, dass man sich in unserer Gesellschaft mehr und mehr darüber klar wird, wie wichtig die Zeit der kindlichen Entwicklung und die individuelle Förderung von Vorschulkindern vor dem tatsächlichen Schulstart ist.

Sinneswahrnehmungen und besonders deren Verarbeitung spielen bei der Entwicklung eine ganz wesentliche Rolle. Die Schulung der Sinne sollte daher in der frühkindlichen Förderung, der so großen Relevanz entsprechend, eine umfangreiche Berücksichtigung finden, denn sie ist auch ein wichtiger Baustein für die Entwicklung der kognitiven Fähigkeiten. Unsere Sinne sind die Verbindungen zur Außenwelt. Sie ermöglichen es, uns Wissen von der Welt anzueignen. Über die Sinne machen Menschen die Erfahrung, welche Wirkungen ihre Handlungen nach sich ziehen.

Die reibungslose Aufnahme und die Verarbeitung verschiedener Sinnesreize sowie die Reaktion darauf sind wesentliche Voraussetzungen für den Erwerb des Lesens und des Schreibens und auch für den Aufbau mathematischer Kenntnisse und Fertigkeiten.

Die Grundvoraussetzung für den Interessierten ist ein Verständnis für die kindliche Entwicklung. Diese wird im theoretischen Teil des Buches in einer übersichtlichen Form präsentiert.

Die Beobachtung der Kinder bei ihren Tätigkeiten ist eine wichtige Aufgabe von Eltern und Pädagogen. Je besser diese Beobachtung erfolgt, desto schneller werden eventuelle Probleme entdeckt. Sollte sich ein Kind die Ohren zuhalten, wenn Menschen singen, oder keine Lust an jenen Spielen haben, welche vom Kind verlangen, sich optische und räumliche Eindrücke zu merken, wenn es keine Lust hat, mit Sand oder Wasser zu spielen etc., dann sollte man die Augen davor nicht verschließen und Wege suchen, dem Kind zu ermöglichen, seine Sinnesfähigkeiten weiterzuentwickeln.

Als nächster Schritt bietet sich der im Buch enthaltene pädagogische Sinneswahrnehmungstest an. Die damit gewonnenen Erkenntnisse finden in der Förderplanung und in der gezielten individuellen Förderung Verwendung.

In der heutigen Zeit bieten sich auch zahlreiche Möglichkeiten, Kinder in der Förderung mit technischen Geräten zu unterstützen, wenn man auch gleichzeitig darauf hinweisen muss, dass diese Hilfsmittel natürlich die Möglichkeiten, Sinneserfahrungen in einer Sandkiste oder auf einem Strand zu sammeln, wo man mit Sand und Wasser experimentieren kann, nicht vollkommen ersetzen werden können.

Besonders im Vordergrund steht natürlich der Computer. Das von Apple entwickelte iPad ist eine Besonderheit, bei der es noch gar nicht absehbar ist, wie weitreichend eine Förderung erfolgen wird können. Dieses Gerät kann mit einem unglaublichen Potenzial aufwarten und ist durch seine Größe auch bestens für Kinderhände geeignet. Den berührungsempfindlichen Bildschirm kann man gleichzeitig mit bis zu fünf Fingerberührungen abtasten. Das bekannte Auseinanderziehen mittels zweier Finger und viele weitere Fingergesten sind hilfreich für die taktil-kinästhetische Entwicklung.

Eine erfolgreiche Förderung verlangt auch ein umfangreiches Unterrichtsmaterial. Auch das kann man in dem Buch finden. Es bietet gleichzeitig auch viele Anregungen, weiteres Übungsmaterial selbst anzufertigen. Eltern und Pädagogen können wesentlich dazu beitragen, dass Kinder, welche durch ihre Sinneswahrnehmung eine besondere Informationsverarbeitung und damit verbunden eine besondere Lernfähigkeit haben, Freude am Lernen entwickeln und den nötigen Erfolg haben.

November 2011

Vorwort zur vierten Auflage

Die Entwicklungen in den letzten 15 Jahren zeigen erfreulicherweise deutlich, dass das Thema einer gezielten Förderung von Kindern im Vorschulalter immer mehr und mehr an Bedeutung gewinnt. Das Bewusstsein, dass Förderungen, vor allem auch der Sinneswahrnehmungen, in der Vorschulzeit für eine problemlose Schulzeit in Bezug auf das Erlernen des Schreibens, Lesens und Rechnens von größter Bedeutung sind, findet man heute schon wesentlich häufiger als noch vor Jahren. Dazu tragen die wertvolle Arbeit, aber auch die Aufklärung, welche durch den Berufsstand der Kleinkindpädagogen geleistet wird, wesentlich bei.

Anders als in amerikanischen Schulen gibt es in Kindergärten im deutschen Sprachraum, welche Kinder ab dem dritten oder vierten Lebensjahr besuchen, keinen verbindlichen Lehrplan. Seit vielen Jahren gibt es zwar die Diskussion über die frühe Bildung, jedoch noch immer keine verbindlichen Lehrinhalte, welche die Bildungsträger Kindern näherbringen müssen. Es ist also grundsätzlich den engagierten Kleinkindpädagogen überlassen, welche Schwerpunkte sie setzen. Dazu benötigt man eine Vielzahl von gut strukturierten Lehrmitteln, an denen man sich orientieren kann.

Das vorliegende Werk hat sich in den letzten 15 Jahren zu einem Standardwerk für Kleinkindpädagogen entwickelt und ist nun in der vierten Auflage erschienen. Es stellt nicht nur eine Fundgrube für bewährte Übungen dar, sondern bietet auch die Möglichkeit, Überprüfungen bezüglich der notwendigen Kenntnisse, welche der momentanen Entwicklungsstufe eines Kindes entsprechen sollten, zu tätigen. Damit ermöglicht es den Kleinkindpädagogen, sich in kurzer Zeit ein klares Bild zu machen, in welchen Bereichen das Kind eine Förderung benötigt.

Die Arbeit von Kleinkindpädagogen ist stets von einer hohen Qualität geprägt, weil diesen bewusst ist, dass sie die Kinder nicht nur auf ein erfolgreiches Schulleben, sondern auch auf ein späteres erfolgreiches Berufsleben vorbereiten sollen.

Da Kinder besonders in der Vorschulzeit noch unbelastet, frei vom Leistungszwang und damit grundsätzlich frei von später unweigerlich eintretenden Frustrationen sind, auch ständig dazulernen wollen, neugierig und wissbegierig sind, ist es so wichtig, dass man Kindern eine gezielte Förderung zukommen lässt, natürlich ohne sie zu überfordern. Mit einer gut durchdachten gezielten Förderung gelingt es sogar, Kinder zu erfreuen. Kinder können demnach durchaus schon in der Vorschulzeit gefordert werden, mitentscheidend ist natürlich die Motivation.

Grundsätzlich kann man beobachten, dass es kaum Kinder gibt, welche keine speziellen Hilfen benötigen. Das bedeutet, dass in jedem Fall Umsichtigkeit durch die Eltern und Kleinkindpädagogen gegeben sein sollte.

Versäumnisse bei der Förderung in der Vorschulzeit verlangen später einen extremen Arbeitsaufwand von den Kindern und ihrem Umfeld. Dennoch gibt es aber keine Garantie dafür, dass Defizite völlig ausgeglichen werden können.

Kinder sind in der Frühförderung auf ihr Umfeld angewiesen, denn sie können sich nicht selbst helfen. Gefordert ist also das Verständnis für die Notwendigkeit einer Förderung. Man sollte sich also stets vor Augen halten, dass die Lernvergangenheit der ersten Lebensjahre das weitere Fortkommen eines Kindes im späteren Leben entscheidend prägt. Man weiß schon lange, dass die Vorschulzeit eine besondere Zeit für die Förderung der Intelligenz und der Kreativität eines Menschen ist, weshalb man sie nicht ungenützt verstreichen lassen sollte.

Viele Fertigkeiten, welche das Schreiben-, Lesen- und Rechnenerlernen erleichtern, können in der Vorschulzeit noch wesentlich leichter und damit schneller und mit Freude positiv beeinflusst werden. Dazu soll das vorliegende Werk beitragen.

Februar 2017

Hilfe für legasthene und dyskalkule Kinder schon im Vorschulalter

Man weiß heute durch aktuelle Forschungsergebnisse, dass Legasthenie und Dyskalkulie angeboren sind. Leider gibt es bis heute keine Untersuchungsmethoden, die bei einem Vorschulkind gesichert eine Legasthenie oder Dyskalkulie feststellen können, da man nur im Zusammenhang mit der Beschäftigung des Kindes mit Buchstaben- und Zahlensymbolen eine Beurteilung vornehmen kann und diese in der Vorschulzeit noch nicht ausgiebig möglich ist.

Es gibt jedoch Möglichkeiten, um die Sinneswahrnehmungsdefizite eines Kindes im Vorschulalter, die auf eine Legasthenie oder Dyskalkulie hinweisen können, festzustellen. Ein Grund für Wahrnehmungsprobleme - es gibt natürlich auch noch andere wie z.B. Reifedisproportionen - kann

auch eine genbedingte, also im Kind vorhandene Legasthenie oder Dyskalkulie sein. Diese Kinder sollten möglichst frühzeitig auf das Erlernen des Lesens, Schreibens und Rechnens vorbereitet werden, damit es in der Schule nicht zu groben Schwierigkeiten kommt. Dafür ist es aber notwendig, die Sinneswahrnehmungen besonders zu trainieren, welche nicht der Norm entsprechen. In diesem Zusammenhang muss man aber auch darauf hinweisen, dass es auch Kinder gibt, die in der Vorschulzeit große Probleme mit den Sinneswahrnehmungen haben, aber dass sie dies später beim Erlernen des Schreibens, Lesens und Rechnens nicht tangiert. Man sollte sich nur nicht auf diese Tatsache verlassen und einfach zuwarten.

Leider ist es für viele Eltern von nicht allzu großer Bedeutung, da es ja noch keinen Leistungsdruck bzw. Misserfolge gibt. Wenn die Kinder Defizite in den Sinneswahrnehmungsgebieten zeigen, sollte man den Kindern eine Förderung angedeihen lassen. Die Behauptung, "das wird schon werden", ist in diesem Alter des Kindes genauso fehl am Platz wie auch später. Gerade in den Sinneswahrnehmungsgebieten geschieht zumeist nichts von selbst, und ohne gezielte Förderung bleibt das Kind irgendwann auf der Strecke.

Wann spricht man von einer Legasthenie oder Dyskalkulie und warum ist es im Vorschulalter nicht möglich, eine Legasthenie bzw. Dyskalkulie zu diagnostizieren?

Legasthene und dyskalkule Menschen haben differente Sinneswahrnehmungen. Man benötigt verschiedene funktionierende Sinneswahrnehmungen, damit man ohne Schwierigkeiten schreiben, lesen und rechnen kann. Diese differenten Sinneswahrnehmungen bewirken eine zeitweise stattfindende Unaufmerksamkeit beim Schreiben, Lesen und/oder Rechnen. Durch diese Unaufmerksamkeiten kommt es zu sogenannten Wahrnehmungsfehlern.

Zusammenfassend dargestellt bedingen also differente Sinneswahrnehmungen eine zeitweise Unaufmerksamkeit. Diese führt dazu, dass das Kind Wahrnehmungsfehler, landläufig von Laien auch als Rechtschreibfehler bezeichnet, macht. Nun ist es im Vorschulalter nicht möglich, Defizite im Schreib-, Lese- und Rechenbereich und die damit verbundene zeitweise Unaufmerksamkeit zu beobachten, weil die Kinder diese Tätigkeiten noch nicht durchführen. Deshalb ist es auch nicht möglich, im Vorschulalter eine Legasthenie bzw. Dyskalkulie zu diagnostizieren. Aufgrund von Familiengeschichten - zumeist hat ein legasthenes oder dyskalkules Kind Verwandte, die unter den gleichen Problemen leiden - lässt sich dies aber schon oftmals durch Beobachtungen der Eltern oder Kleinkindpädagogen vermuten. Gezielte Hilfe muss einsetzen!

Jedes Kind entwickelt sich

Lebendiges ist dynamisch, es entwickelt sich. Entwicklung vollzieht sich als Aktivierung von Anlagen und dem Lernen und daher immer in der Auseinandersetzung mit der Umwelt. Die Auseinandersetzung besteht einerseits in einem "Sich-der-Welt-Anpassen" und andererseits in einem "Sich-die-Welt-Anpassen". Es besteht zwischen beiden Vorgängen eine enge Wechselbeziehung. Die Entwicklung des Einzelwesens hängt sehr stark von den Umwelteinflüssen sowie kulturellen und gesellschaftlichen Einflüssen ab.

Die Entwicklungsverläufe der einzelnen Menschen sind unterschiedlich, dennoch lassen sich altersspezifische Übereinstimmungen feststellen. Die Entwicklung verläuft nicht gleichmäßig. Es gibt immer wieder Schübe, in denen Neues aufbricht.
Es ist sehr wichtig, über die reguläre Entwicklung eines Kindes informiert zu sein, damit Abweichungen rechtzeitig erkannt werden können. Der Erwachsene tendiert dazu, Ungeschicklichkeiten von Kindern als "herzig" oder "putzig" zu empfinden und diese auch so zu bezeichnen. Doch steckt bei einer auffälligen Ungeschicklichkeit eines Kindes nicht selten eine Fehlentwicklung dahinter. Wird diese als solche erkannt, ist durch gezielte Förderung das Problem bald aus der Welt geschafft.

Das Ungeborene

Die Entwicklung des Kindes beginnt bereits mit dem Tag der Befruchtung. Das Ungeborene teilt das Leben mit seiner Mutter, es übernimmt ihren Lebensrhythmus. Man weiß heute, dass die Persönlichkeitsentwicklung bereits im Mutterleib stattfindet. Durch ihre Lebensweise und durch ihr Erleben beeinflusst die Mutter das ungeborene Kind und erzieht es auf diese Weise indirekt.

Die Geburt und das Neugeborene

Die Geburt stellt für das Kind eine große Belastung dar. Es muss große Umstellungsleistungen vollziehen. Die Neugeborenenzeit dauert bis zur vollständigen Überhäutung des Nabels. Im Normalfall ist die Atmung regelmäßig und das Kind befindet sich entweder in Dämmer- oder Schlafzuständen, die von Unlustäußerungen und von der Nahrungsaufnahme unterbrochen werden. Echte Schlafphasen sind jeweils kurz. Das Bewegungskönnen des Neugeborenen ist bereits beträchtlich. Man kann Abwehrbewegungen, Zuwendungsbewegungen, Reflex- und Instinktbewegungen beobachten.

Selbst die Nahrungsaufnahme erfordert ein kompliziertes Zusammenspiel zwischen Atmung und Schluckbewegungen. Das Neugeborene kann atmen und schlucken zugleich. Dazu kommt die Suche nach der Nahrungsquelle. Vor allem die Nähesinne, die Hautsinne des Kindes, arbeiten bereits, und es erlebt den Nächsten auf diesem Wege. Auch der Geschmackssinn ist funktionsfähig. Der Saugreflex wird schnell sicherer und gezielter. Das Kind hört, reagiert aber nur auf starke Reize. Es sieht auch, doch gelingt die Koordination der Augen noch nicht.

Das Säuglingsalter

Bis etwa zum neunten Lebensmonat spricht man vom Säuglings- oder Babyalter. In dieser Zeit machen die Entwicklung im Bewegungskönnen oder die Motorik, die Entwicklung der Sinne, die Trieb- und Willensentwicklung, Sozialität und Sexualität, die Lern-, Gedächtnis- und Vorstellungsentwicklung sowie die Sprachentwicklung gewaltige Fortschritte. Das Entwicklungstempo ist nicht zuletzt von der sozialen Geborgenheit des Kindes und von dem Reichtum der Anregungen aus der Umwelt abhängig. Die Lernprozesse müssen sachlich und sozial motiviert sein. Eine Regelmäßigkeit ist wichtig. Das Kind schläft in den ersten Monaten noch sehr viel, doch heben sich Schlaf- und Wachzustände immer mehr voneinander ab. Während des Wachseins nehmen das aktive Verhalten und das positive Reagieren besonders stark zu.

Nun werden auch die Fernsinne immer besser einsatzfähig. Zuerst erschließt sich dem Kind die Welt des Ohres, bald danach die des Auges. Zirka mit dem Vollenden des dritten Lebensmonats hat sich dem Kind die Welt des Hörens voll erschlossen und mit dem Vollenden des vierten Monats die Welt des Sehens. Ebenso schreitet der Säugling in seiner motorischen Entwicklung fort. Er kann schon kurz nach der Geburt den Kopf kurzfristig heben. Die Dauer des Anhebens wird immer länger.

Die Erwerbung der aufrechten Körperhaltung:
- Etwa im dritten Monat kann das Kind Kopf und Schultern anheben, dabei werden die Arme nach vorne gestreckt.
- Im vierten Monat gelingt es ihm bereits, auf die Unterarme gestützt Kopf und Schultern hochzuheben.
- Im fünften Monat stützt sich das Kind auf die gespreizte Hand und hebt den Unterarm hoch.
- Im sechsten Monat kann das Kind mit Unterstützung sitzen.
- Im achten Monat kann es frei sitzen.
- Im neunten Monat kann es frei stehen.

Lageveränderungen:
- Im vierten Monat dreht sich das Kind selbstständig zur Seite.
- Im sechsten Monat kann es den Bauch anheben.
- Im achten Monat kann es auf den Knien kriechen oder rutschen.
- Im neunten Monat machen viele Kinder die ersten Gehversuche, manche nur mit Unterstützung.

Tasten und Greifen:
- Im zweiten Monat, nachdem der Handgreifreflex des Neugeborenen verschwunden ist, setzen die ersten Experimentierbewegungen mit den Händen ein.
- Im vierten Monat werden die zunächst zufällig erfolgten Greifbewegungen schon bewusst gesteuert. Das Greifen und Betasten von Gegenständen gelingt, zunächst aber nur mit ruhenden Gegenständen.
- Im fünften Monat kann es bereits selbst Gegenstände bewegen.

- Im siebenten Monat bewegt es Gegenstände zu einem anderen ruhenden Gegenstand.
- Im achten Monat kann es bereits mit zwei sich bewegenden Gegenständen hantieren.
- Im neunten Monat gelingt es ihm, Gegenstände mit Daumen und Zeigefinger anzufassen. Das Kind verfolgt aufmerksam sein eigenes Tun.

Gleichzeitig mit der Entwicklung der Bewegung entwickelt sich das Wahrnehmungskönnen. Die sensorischen Kreisprozesse bilden sich immer mehr aus und erfassen größere Bereiche. Das Zusammenwirken zwischen Hand und Wahrnehmung wird immer inniger. Das Kind macht die Erfahrung der Welt über das Hantieren mit den Dingen.

Der Säugling ist ein Augenblickswesen. Deshalb ist es auch wichtig, schon dem jungen Kind einen Verbotsgehorsam abzuverlangen. Dieses Verbot muss aber durch Gesten und durch eine klare Sprache ausgedrückt werden. Man muss konsequent sein. Dafür ist sehr viel Geduld aufzubringen.

Die vorsprachliche Entwicklung des Säuglings beginnt, indem er mit seiner Sprechmuskulatur experimentiert; das Baby lallt. Das Lallen ist eine wichtige Vorbereitung auf das spätere Sprechen. Auch das Schreien ist ein Element der vorsprachlichen Entwicklung. Um eine gute Sprachentwicklung des Kindes zu gewährleisten, ist es sehr wichtig, vom ersten Augenblick an das Kind als vollwertige Persönlichkeit zu sehen und dies auch mit der Sprache auszudrücken. Verniedlichungen und Unsinnwörter sollten tunlichst vermieden werden. Auch hat bereits der Säugling ein Anrecht darauf, dass die Mitmenschen klare und ganze Sätze an ihn richten. Für eine positive Sprachentwicklung ist es also unumgänglich, ausgiebig mit dem Kind zu sprechen.

Die Denk- und Intelligenzentwicklung äußert sich, indem man allmählich bemerkt, dass das Kind bewusste Beziehungen herstellt, die eine geordnete Welt ermöglichen. Das beginnende Denken ist aber noch ganz an das Hier und Jetzt gebunden. Das Interesse des Kindes gilt zunächst nur den Dingen, die wahrnehmungsmäßig vorhanden sind. Eine geordnete Umwelt, in der Abläufe regelmäßig aufeinanderfolgen, ist für die Denkentwicklung sehr förderlich. Beobachtet man bis zum sechsten Monat, dass das Kind Bewegungen wiederholt, sobald es das Ergebnis derselben wahrgenommen hat, so ist im neunten Lebensmonat zu bemerken, dass das Kind bekannte Mittel auf neue Situationen anwendet. Im Zusammenhang mit der Sprach- und Denkentwicklung steht auch die nun auftretende Zuordnung von bestimmten Lautkomplexen zu bestimmten Personen, Dingen, Situationen und Tätigkeiten. Mit dieser Abstraktionsleistung erreicht das Kind eine neue Stufe der Denkentwicklung.

Das Kleinstkindalter

Diese Zeit wird etwa ab dem vollendeten neunten Lebensmonat bis zum dreißigsten Lebensmonat (2,5 Jahre) gerechnet.

Die weitere Entwicklung der Motorik zeigt sich an der Bewältigung der ersten Schritte. Das Kind ist unermüdlich und von ständiger Aktivität geprägt. Das Kind klettert, z.B. auf einen Sessel, zieht alles Erreichbare an sich, räumt alles aus, häuft Dinge aufeinander und wirft sie um. All das sind letztlich Experimentierspiele, bei denen wichtige Erfahrungen über Dinge gesammelt werden. Die Augen-Hand-Koordination, das Erfassen der Raumtiefe werden geübt. Für eine gute Selbstständigkeitsentwicklung ist ein Ausleben dieses Aktivseins unbedingt notwendig. Etwa mit achtzehn Monaten klingt diese stürmische Phase der Bewegungsentwicklung etwas ab. Das Kind wird dadurch zur sinnlichen Rezeption fähig, es schaut kurze Zeit der Handlung eines anderen zu, betrachtet ein Bild, beginnt eigene Werke zu betrachten.

Die soziale Entwicklung drückt sich in der immer längeren Ablösung von der Mutter aus. Das Kind unternimmt kleine Ausflüge in die Welt, kehrt aber immer wieder zur Mutter zurück. Soziale Kontakte mit anderen Kindern entwickeln sich. Am Ende des ersten Lebensjahres endet die sogenannte Schauperiode. Die Kinder nehmen Kontakt zu anderen Kindern

auf, wobei schon ein Über- und Unterordnungsprozess bemerkbar ist. Mit Beginn des dritten Lebensjahres beobachten wir bereits Verhaltensweisen wie Streicheln, Trösten, Helfen, Teilen, Verteidigen, Bemuttern, aber auch Schimpfen, Schlagen, Stoßen usw. Bei der Reinlichkeitserziehung spielt die gute soziale Beziehung des Kindes zur Mutter eine wichtige Rolle. Das Lob ist eine entscheidende Maßnahme.

Bei der sprachlichen Entwicklung durchläuft das Kind mehrere Stadien. Ab dem neunten Lebensmonat spricht es den Einwortsatz. Etwa mit achtzehn Monaten bis zur Vollendung des zweiten Lebensjahres folgt das Stadium des Zwei- und Mehrwortsatzes. Ab dem dreißigsten Monat spricht man vom geformten Mehrwortsatz, der in das Stadium der Hypotaxe übergeht.

Die Entwicklung des Lernens ist dadurch gekennzeichnet, dass das Kind unentwegt dazulernt. Die frühen Erfahrungen, an die man sich später gar nicht mehr bewusst erinnert, sind von großem Einfluss auf unser späteres Leben. Die Erfahrungen zeichnen sich durch eine besondere

Nachhaltigkeit aus. Im Bereich der Nachahmung findet jetzt der Übergang von der unmittelbaren zur mittelbaren statt. D.h. das Kind ahmt aus der Vorstellung heraus nach. Es ist dies der Beginn des Rollenspiels und der Ausdruck der angereicherten Vorstellungsbildung. Dieser Fortschritt in der Vorstellungsentwicklung wirkt sich auch auf die Denk- und Intelligenzleistung aus. Ein komplexeres Denken setzt voraus, dass man über Erfahrungen verfügt. Die Verfügbarkeit äußert sich in der zunehmenden Erinnerungsleistung der Kinder.

In dieser Phase können Lernprozesse besonders leicht vollzogen werden. Die Kinder zeigen von sich aus auch ein besonderes Übungsbedürfnis und fragen sehr viel. Im zweiten Lebensjahr kommt auch die sensomotorische Intelligenz zur vollen Entfaltung. Es ist eine gelebte Intelligenz, die noch nicht ganz bewusst ist. Das Kind vollbringt Leistungen, die ihm nicht vorgezeigt worden sind. Die Fortschritte der Denkentwicklung äußern sich auch in den Fortschritten der Sprachentwicklung und des Rollenspiels. Das Kind schreibt nicht nur sich allein Rollen zu, sondern auch anderen Dingen und Personen.

Das Kleinkindalter

Man rechnet das Kleinkindalter ab dem dreißigsten Lebensmonat bis zur Vollendung von fünfeinhalb Jahren. Das Kind ist kein Augenblickswesen mehr, sein Vorstellungsvermögen kann sich nun nicht Vorhandenes vergegenwärtigen. Es kann planen und erlebt sich als Verursacher von Vorgängen und als Schöpfer von Werken. Das Kind experimentiert mit seinem Können, es weigert sich etwas zu tun, was man ihm aktuell abverlangt. Um den dreißigsten Monat kommt es zur sogenannten Trotzphase. Das Kind verdeutlicht seinen Willen. Es zeigt sich aber auch bei manchen Kindern, dass sie ängstlich und unsicher werden. Die Kinder haben in dieser Zeit ein starkes Verlangen nach Zärtlichkeit. Sie schmeicheln und suchen nach körperlicher Nähe.

Das Dreijährige

Bei der motorischen Entwicklung kann man bemerken, dass die Muskeln und das Nervensystem schon sehr gut zusammenspielen. Das Kind geht schon sehr sicher, kann im Laufen schon Ecken nehmen, Treppen steigen.

Der Bewegungsdrang ist wieder sehr groß, deshalb kann es auch nicht lange still sitzen. Das Anziehen geht nun auch schon leichter, es kann bereits Knöpfe öffnen und schließen. Die Feinmuskulatur ist gut entwickelt, Leistungen wie mit Löffel und Gabel zu essen oder aus einem Glas zu trinken werden vollbracht. Dem Selbstständigkeitsdrang ist auf keinen Fall Abbruch zu leisten, wenngleich man sich in Geduld fassen muss, weil das Tempo noch nicht vorhanden ist. Eine Überbetreuung schadet der Entwicklung.

In der Sozialentwicklung bemerkt man, dass das Kind den Erwachsenen nachahmt, es will lernen. Das Verhältnis zu den Erwachsenen ist sehr gefühlsbetont. Die Kinder streben nach Anerkennung. Für Lob ist das Kind sehr empfänglich, gelobte Kinder entwickeln sich einfach besser. Seine Fragen sollten immer geduldig beantwortet werden. Für die Sprachentwicklung ist es nach wie vor sehr wichtig, dass der Erwachsene mit dem Kind viel spricht. Die Kinder drängen auch nach dem Kontakt zu Gleichaltrigen, es beginnt die sogenannte Altersklassensympathie. Man beobachtet jetzt eine sehr intensive Auseinandersetzung mit dem Spielmaterial. Das ist sehr wichtig für die Selbstständigkeitserziehung.

Die Vorstellungswelt bedingt eine Gedächtnisleistung, die auf Sinneseindrücken basiert, die in das bisherige Erleben eingeordnet werden - man nennt dies auch Erinnerungsvorstellung. Die Vorstellungen eines Kindes bestimmen, was es weiß, was es glaubt, was es verstehen kann und wie es sich verhält. Es ist wichtig, dass der Erwachsene über die Vorstellungswelt des Kindes einiges weiß, damit er diese besser verstehen kann. Die Entwicklung der Vorstellung ist ein langwieriger Vorgang. Sie ist abhängig vom Alter des Kindes, vom Zustand der Sinnesorgane, von der Intelligenz, von den Antrieben und Interessen des Kindes, aber auch von den Gelegenheiten zu lernen.

Die Umwelt bietet für die einzelnen Kinder ein nach Quantität und Qualität sehr verschiedenes Erfahrungsangebot. Auch ist die Anleitung durch den Erwachsenen unterschiedlich. Die kindlichen Vorstellungen entwickeln sich vom Einfachen zum Komplizierten. Die späteren Vorstellungen bauen auf den vorangegangenen auf. Daher ist es sehr wichtig, dass die Vorstellungen, wenngleich einfach, aber doch richtig sind. Eine kritische Überprüfung dessen, was man Kindern erzählt, sollte unbedingt erfolgen.

Die Vorstellung des Kleinkindes von der Zeit ist noch ganz bedingt durch die Gegenwart, das Hier und Jetzt. Erst allmählich entwickelt sich ein praktisches Zeitschema. Das Kind nimmt Handlungen, die immer wieder aufeinander folgen, vorweg. Dieses Zeiterlebnis ist auf eine ganz bestimmte Situation bezogen. Auch die ersten zeitbestimmenden Wörter, die das Kind gebraucht, beziehen sich auf die Gegenwart. Das Kind kann schon kurze Zeit warten und etwas erwarten. Daraus wird ersichtlich, dass das Kind zukunftsorientiert wird.

Mit der Vollendung des dritten Lebensjahres wird dem Kind auch die Vergangenheit bewusst. Es gebraucht nun auch Wörter, welche die Dauer ausdrücken. Das Dreijährige kann auch aussagen, wie alt es ist und was es am nächsten Tag tun wird. Trotzdem hat das Kind noch einen subjektiven Zeitbegriff und keinen objektiven, d.h. noch keinen Zeitbegriff, der exakte Messungen voraussetzt. Jetzt kann man dem Kind schon Veranschaulichungshilfen bieten wie z.B. eine große Uhr, eine Sanduhr, eine Stoppuhr. Auch Bilderbücher, welche die Monate oder Jahreszeiten verdeutlichen, sind hilfreich. Um dem Kind das Erfassen der zeitlichen Ordnung zu ermöglichen, ist ein gut strukturierter Tagesplan eine spezielle Hilfe. Das Dreijährige folgt etwa zwanzig Minuten einem Spiel.

Die Raumvorstellung des Kindes entwickelt sich nur sehr langsam. Man unterscheidet einen Wahrnehmungs- und Vorstellungsraum. Das Kind erobert den Raum durch die Sinneswahrnehmungen und Bewegungen. Es findet dabei ein Zusammenspiel vor allem von Sehen und Körperbewegung statt. Der Greifraum des Säuglings weitet sich durch das Krabbeln und Laufen des Kleinstkindes zum Schreitraum aus. Das Kind erfasst nun nah und fern, wobei die Fernwahrnehmung besonders durch das Werfen geübt wird. Die Größenauffassung der Dinge ist ebenfalls entwicklungsabhängig. Zwischen dem dritten und vierten Lebensjahr gelingt es dem Kind, Größenverhältnisse zueinander in Verbindung zu setzen. Es kann aus einer Menge gleichartiger, jedoch verschieden großer Dinge den größten und kleinsten Gegenstand finden. Eine Ordnung der Größen dazwischen gelingt noch schwer. Hilfreich zum Üben sind Bechersätze und Hohlwürfel - es gibt dazu eine große Anzahl von didaktischen Spielen. Bereits das Dreijährige erkennt die Raumlage von Gestalten, wenn diese von der Erfahrung abweichen. Ein Haus, welches verkehrt herum gezeichnet ist, erregt die Kritik des Kindes.

Das Vierjährige

Die motorische Entwicklung ist besonders gekennzeichnet vom Fortschritt der Beherrschung der Körpermuskulatur und von der Wendigkeit des Kindes. Das Kind kann bereits rennen, klettern, hüpfen, mit dem Dreirad oder mit dem Roller fahren, auf einem Bein stehen, Schuhe schnüren und mit der Schere eine Linie nachschneiden. Man bemerkt auch, dass mehrere Tätigkeiten gleichzeitig durchgeführt werden. Das Kind kann sich z.B. ausziehen und dabei sprechen. Das An- und Ausziehen geht schon völlig selbstständig. Trotz der allgemeinen Lebhaftigkeit bleiben Vierjährige bei einer interessanten Tätigkeit schon länger sitzen. Es ist sehr wichtig, dass die Kinder trotz aller Freiheit feste Regeln haben.

Die sprachliche Entwicklung ist gekennzeichnet von einer absoluten Sprechfreudigkeit. Es lernt im sprachlichen Bereich in dieser Zeit sehr viel dazu. Es experimentiert mit Wörtern, liebt Wortspiele und sinnlose Reime. Vierjährige sind mit einfachen Sätzen nicht mehr zufrieden. Sie füllen ihre Sätze mit allerlei Wendungen. Über das Wort kann das Kind seine Aufmerksamkeit besser steuern und ergänzt damit, was ihm bei der Gestaltung des Materials noch nicht völlig geglückt ist. Es kommentiert sein Tun und wird sich so seiner Gedanken besser bewusst. Die Sprache hilft also, dem flüchtigen Gedanken Bestand zu verleihen. Dieses egozentrische Sprechen des Kindes dient der Ausformung und der Festigung der Sprechfähigkeit.

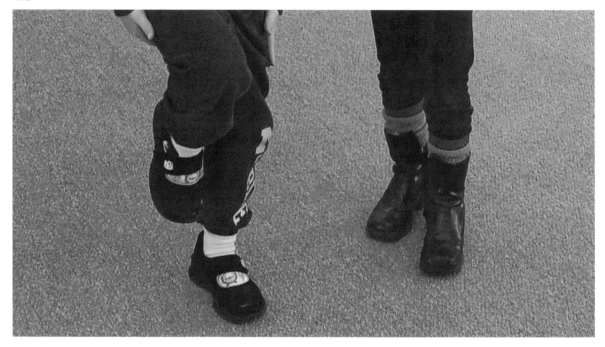

Die geistige Betätigung und Denkleistung ist nun eine sehr rege. Es will die Umwelt unentwegt erkunden, es braucht deshalb erlaubte Betätigungsfelder. Vielfältiges Spielmaterial und die Unterweisung durch Erwachsene sind sehr förderlich. Diese Zeit des hohen Umweltinteresses sollte man nicht ungenützt verstreichen lassen und damit kostbare Lernzeit verlieren. Das Denken ist noch sprunghaft und unstet, das Kind sprudelt nur so vor Phantasie. Das Vierjährige folgt etwa fünfundvierzig Minuten einem Spiel.

In der Denkleistung des Kindes zeigt sich, dass das Kind sich nun drei aufeinander folgende Aufträge merken kann. Zu den kognitiven Leistungen im Weiteren gehören auch Unterscheidungen im Wahrnehmungsbereich. Das Vierjährige sollte imstande sein, Figuren richtig nachzulegen und einen Kreis nachzuziehen. Ebenso soll die Zuordnung von Figuren zu einer bestimmten Gestalt gelingen, damit dem optischen Differenzieren oder der optischen Unterscheidungsfähigkeit Genüge getan wird. Das Kind soll jetzt auch schon Analogien ziehen können wie z.B.: Im Winter ist es kalt. Auch können bestimmte Tätigkeiten einer bestimmten Person zugerechnet werden. Das Kind sollte den Verwendungszweck von Gegenständen angeben können. Es sollte auch eine auseinander gelegte Figur zusammensetzen können und den Sinn von einfachen Regeln erfassen.

Überblick über das Körper- und Handgeschick bis zum vierten Lebensjahr

Was Kinder bis zum vierten Lebensjahr an Leistungen erbringen sollten, damit sie im Normdurchschnitt liegen:

30 Monate:
Das Kind geht sicher, steigt auf eine Leiter, geht die Treppe frei aufwärts mit Nachsetzen und hält sich am Geländer beim Hinuntersteigen fest, kann beim Spielen kauern und mit beiden Beinen einen Sprung vorwärts machen. Es isst mit dem Löffel, wirft einen Ball zu, kann einen Stab in ein Rohr stecken, baut mit Bausteinen einen Turm, blättert Bilderbuchseiten um.

36 Monate:
Das Kind kann die Treppe frei hinaufklettern mit Nachsetzen, kann von der Treppe hüpfen, kann mehrere Meter frei laufen, ohne zu fallen. Es geht auf Zehen, springt über einen Strich, springt auch mit geschlossenen

Augen. Es gießt Flüssigkeit in einen Becher, kann Perlen auffädeln, kann eine Kette in ein Rohr stecken, faltet laut Anleitung Papier, malt runde Gegenstände und holt Gegenstände mit einem Werkzeug zu sich.

42 Monate:

Das Kind wechselt die Füße beim Treppensteigen, kann schon mit dem Dreirad fahren, trägt ein Glas mit Flüssigkeit, ohne diese zu verschütten, kann ein niedriges Hindernis überspringen, kann ein Stück weit springen, geht einer Linie entlang, fängt einen größeren Ball, kann einen hohen Turm bauen, zieht sich schon alleine an, hält Malstifte und zeichnet Kreise nach, macht Verpackungen auf und nimmt die Gegenstände heraus.

48 Monate:

Das Kind kann große Knopfverschlüsse öffnen und schließen, dreht einen Schlüssel um, kann sich alleine die Hände waschen und trocknen, schneidet mit der Schere, kann Linien zeichnen, knetet erkennbare Formen, wechselt die Füße beim Hinabgehen der Treppe, kann auf einem Bein hüpfen, balanciert ganz kurz auf einem Bein, kann die Arme beim

Gehen entgegengesetzt schwingen, springt mit beiden Füßen gleichzeitig mehrmals hintereinander.

Das Fünfjährige

Mit fünf Jahren kommt die bisherige Entwicklung zu einem vorläufigen Abschluss. Das Kind ist in einer Phase der Beruhigung, es kommt gleichsam alles bisher Erfahrene zum Tragen. Es hat ein gutes Verhältnis zur Umwelt, wirkt ausgewogen und selbstsicher.

Motorisch sind die Kinder geschickt, ihre Bewegungen zeigen Zielstrebigkeit. Die Feinmotorik der Hand zeigt allerdings noch eine gewisse Unausgereiftheit, was sich am Ende des fünften Lebensjahres ändert. Das Maschenbinden und die Essensroutine gehen ohne Probleme. Bis zum Ende der Kleinkindzeit kann rechts und links unterschieden werden. Das Fünfjährige sollte ein Quadrat nachzeichnen können.

Im Sozialverhalten gewinnt man den Eindruck, dass das Kind bisherige Erfahrungen gut verarbeitet hat und daraus Sicherheit und Klarheit

gewinnt. Seine Tätigkeiten plant es schon im Voraus. Das Kind will Begonnenes vollenden dürfen, auch wenn es dazu eine längere Zeitspanne braucht.

Beim Fünfjährigen stellt man gegenüber dem Vierjährigen eine gewisse Starrheit des Denkens fest. Es ist deutlich in seiner Phantasie eingeschränkt. Die Kinder beginnen, Vorlagen zu verwenden, ihre Zeichnungen enthalten schon Schemata. Oft sehen die Kinder nur einen Lösungsweg. Misslingt ihnen etwas, fangen sie am liebsten nochmals von vorne an. Die Ursachen sind in einer stärkeren Selbstkritik, in einer besseren Beherrschung der eigenen Antriebe zu suchen. Auf diese Weise gewinnt aber das Fünfjährige seine Sicherheit, Ausdauer, Gelassenheit und Zuverlässigkeit. Das Kind ist ein praktischer Realist, ist an Tatsachen gebunden und es lebt im Hier und Jetzt, sein eigenes "Ich" steht noch immer im Vordergrund. Aus seinem großen Interesse an der Welt erwächst die Verantwortung und Verpflichtung, das Kind sachlich zu informieren. Das Kind zeigt nun schon sehr deutlich Persönlichkeitseigentümlichkeiten und ist sich selbst seiner Stärken und Schwächen bewusst. Man findet sehr individuelle Unterschiede in der spontanen Leistungsbereitschaft. Diese ist zum einen Teil von der Vitalität des Kindes abhängig und zum anderen Teil von den Erfahrungen, wie sich die Umwelt zu seinen persönlichen Leistungen gestellt hat. Es ist sehr wichtig, Kinder für erbrachte Leistungen, und sind sie in den Augen der Erwachsenen noch so gering, ausgiebig zu loben!

Im fünften Lebensjahr vollzieht sich auch die Wandlung von der sogenannten Kleinkindform zur Schulkindform. Als schulfähig, schulbereit oder schulreif bezeichnet man ein Kind, welches den Anforderungen unseres Schulsystems gerecht wird. Dies sind Kinder, welche die Bereitschaft zeigen, sich in einer Gruppe Gleichaltriger, unter planmäßiger Führung eines Erwachsenen, mit den traditionellen Kulturgütern systematisch auseinanderzusetzen, um die Kulturtechniken des Schreibens, Lesens sowie des elementaren Rechnens zu erlernen.

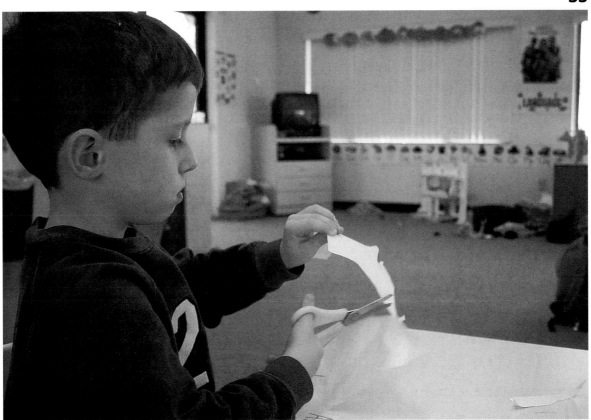

Man sollte folgende Punkte beachten:
- Das Kind sollte einen ziemlich weit fortgeschrittenen Gestaltenwandel vollzogen haben. Man spricht dabei von einer neuromuskulären Reife. Auch ein hohes Können in der Feinmotorik ist Voraussetzung.
- Das Kind sollte sich seiner Aufgaben bewusst sein, Ausdauer besitzen und seine Aufmerksamkeit willkürlich auf eine Aufgabe lenken können.
- Das Kind sollte eine sachliche und objektive Einstellung zur Welt besitzen. Es sollte genau beobachten können und zur genauen Nachahmung fähig sein. Dazu muss seine Wahrnehmungsdifferenzierung weit fortgeschritten sein.
- Das Kind sollte Tätigkeiten zu Ende führen können.
- Das Kind sollte ein gewisses Ausmaß an Zeichenverständnis besitzen. Auch ein Beziehungserfassen ist notwendig.
- Das Kind sollte bereit sein, sich Regeln und Anforderungen unterzuordnen.

ine größere Gemeinschaft nicht überfordert

Sind diese Anforderungen nicht erreicht, so kommt es zum Versagen, zu Schulunwilligkeit und zur damit zusammenhängenden Fehlentwicklung der Persönlichkeit. Auch sehr intelligente Kinder können mitunter versagen, wenn der soziale Entwicklungsstatus noch nicht erreicht ist. Von frühzeitiger Einschulung ist deshalb strikt abzuraten. Der Schulstart sollte mit Erfolgserlebnissen verbunden sein, denn sein Gelingen oder Misslingen beeinflusst zumeist die gesamte Schullaufbahn. Es ist wichtig, dass die Eltern eine eventuelle Schulunreife ihres Kindes nicht als Makel erleben, dazu bedarf es aber einer Aufklärung durch den Vorschulpädagogen. Es gibt verschiedene Schulreifetests, die von Pädagogen oder Schulpsychologen durchgeführt werden.

Differente Sinneswahrnehmungen führen zur Schulunwilligkeit

Es gibt aber noch einen anderen Grund, dass ein Kind den Schulstart nicht positiv erlebt. Beim Kind ist zwar der körperliche, geistige und soziale Entwicklungsstatus voll ausgereift, doch kann es im Bereich der Sinneswahrnehmungen zum einen oder anderen Problem kommen. Erst wenn diese Kinder mit Buchstabensymbolen oder Rechensymbolen in Berührung kommen - das passiert natürlich erst mit der Einschulung -, zeigt sich der volle Umfang der Defizite. Intakte Sinneswahrnehmungen,

auch Funktionen oder Teilleistungen genannt, benötigt man, wenn man schreiben, lesen und rechnen soll. Die Sinneswahrnehmungen lassen sich in verschiedene Gebiete einteilen. Ist auch nur ein Gebiet betroffen, kann es schon zu Schwierigkeiten kommen.

Die Kinder können mit den Leistungen der Schulkollegen nicht mithalten. Immer häufiger stellen sich Misserfolge ein. Das Kind möchte sein Bestes geben. Grundsätzlich ist jeder Schulanfänger motiviert. Jedes Kind, welches kognitiv keine Defizite aufweist, freut sich auf die Schule. Jeder Schulanfänger ist lernbegierig und neugierig auf das Kommende. Doch zeigt sich bei Kindern mit einem Sinneswahrnehmungsproblem bald, dass es trotz seiner ehrlichen Bemühungen immer wieder scheitert. Der Frust verstärkt sich, spätestens dann muss intensive und individuelle Hilfe einsetzen. Reagiert die Umwelt des Kindes jetzt nicht, so ist der Leidensweg des Kindes vorprogrammiert. Eine solche Problematik zieht unweigerlich den gesamten Familienverband in seinen Bann.

Welche Sinneswahrnehmungen können betroffen sein?

Es gibt verschiedene Einteilungen der Sinneswahrnehmungen. Dr. A. Jean Ayres nennt die Bereiche der Sinneswahrnehmungen die SENSORISCHE INTEGRATION. Teilgebiete der Sensorischen Integration sind:

Visuelles oder optisches System - das Sehen

Auditives oder akustisches System - das Hören

Vestibuläres System - die Schwerkraft, Bewegung

Propriozeptives System - Muskeln und Gelenke

Taktiles System - Berührung und Tastsinn

Internationale Einteilung der Sinneswahrnehmungen, Funktionen oder Teilleistungen, die man für das Schreiben, Lesen und Rechnen benötigt:

Optik:

○ **Optische Differenzierung**

Das ist das Vermögen des Kindes, zwischen gleichen und ähnlichen Dingen unterscheiden zu können.

○ **Optisches Gedächtnis**

Das ist das Vermögen des Kindes, sich mehrere optische Informationen zu merken.

○ **Optische Serialität**

Das ist das Vermögen des Kindes, sich eine Reihe von optischen

Akustik:

○ **Akustische Differenzierung**

Das ist das Vermögen des Kindes, gleich und ähnlich Klingendes zu unterscheiden.

○ **Akustisches Gedächtnis**

Das ist das Vermögen des Kindes, sich akustische Informationen zu merken.

○ **Akustische Serialität**

Das ist das Vermögen des Kindes, sich akustische Informationen, die in einer Serie gegeben worden sind, wieder zu geben.

Raumwahrnehmung:

○ **Raumorientierung**

Das ist das Vermögen des Kindes, sich räumlich orientieren zu können.

○ **Körperschema und Handgeschick**

Das ist das Vermögen des Kindes, sich am eigenen Körper orientieren zu können und seine Motorik entsprechend einzusetzen.

Betrachtet man die beiden Einteilungen, so wird man viele Parallelen feststellen. Der angeschlossene umfangreiche Übungsteil hält sich hauptsächlich an die zweite Auflistung.

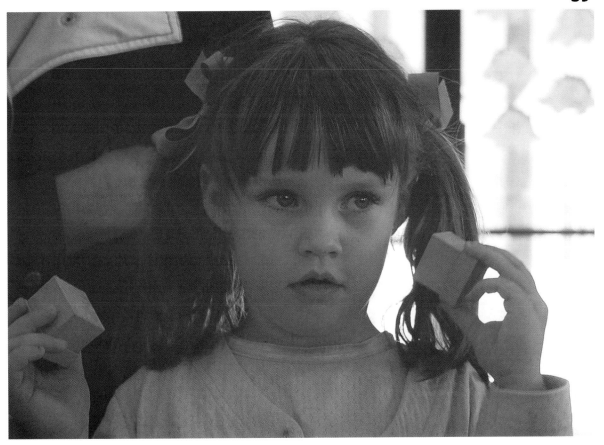

Wie drücken sich Defizite in den genannten Gebieten aus?

Wie schon erwähnt, spricht man von einer Legasthenie bzw. einer Dyskalkulie, wenn man bei Kindern eine zeitweise Unaufmerksamkeit beim Umgang mit Buchstaben- oder Zahlensymbolen bemerkt, bei sonst guter Aufmerksamkeit, und wenn diese Unaufmerksamkeit zu sogenannten Wahrnehmungsfehlern führt. Diese Unaufmerksamkeit wird hervorgerufen durch differente Sinneswahrnehmungen. Man kann, wie schon erwähnt, zwar keine Legasthenie oder Dyskalkulie im Vorschulalter feststellen, da eine zu geringe oder gar keine Beschäftigung des Kindes mit Buchstaben- oder Zahlensymbolen stattfindet und man deshalb auch keine Unaufmerksamkeit im Zusammenhang mit diesen Tätigkeiten feststellen kann, man kann aber doch Defizite in den verschiedenen Sinneswahrnehmungsgebieten, auch Teilleistungs- oder Funktionsgebiete genannt, beobachten und diagnostizieren. Jedoch nicht jedes Kind ist legasthen oder dyskalkul, das Probleme in dem einen oder anderen

Anzeichen für mögliche differente Sinneswahrnehmungen im Vorschulalter

Diese machen sich vor allem in der motorischen Entwicklung, der Sprachentwicklung und in verschiedenartigen Charakterzügen bemerkbar:

- keine oder eine verkürzte Krabbelphase
- verspäteter Gehbeginn, schlechte Körperkoordination
- fallen über Dinge, die nicht da sind
- Schwierigkeiten beim Erlernen von Sportarten
- Probleme beim Schnurspringen oder bei Purzelbäumen
- Schwierigkeiten beim Klettern
- manchmal überhastet, manchmal extrem langsam
- Hilfsschritte beim Stiegensteigen
- laufen mit schwerem oder mit trippelndem Schritt
- machen Ruderbewegungen beim Laufen und Springen
- bewegen sich nicht gerne frei
- Schwierigkeiten beim Anziehen
- Ungeschicklichkeit mit Messer, Gabel, Schere, beim Maschenbinden, mit Knöpfen usw.
- Schwierigkeiten bei Fingerspielen
- bei Fang- und Ballspielen verlieren sie den Überblick
- wissen bei Brettspielen nie, wann sie drankommen
- malen über den Rand, Koordinationsschwierigkeiten beim Malen
- Schwierigkeiten beim Ausschneiden und Schneiden
- verspäteter Sprachbeginn, manchmal verbunden mit Sprachfehlern
- schnelleres Denken als Handeln
- Worterfindungen, kreieren eigene Wörter
- falsche Farbbezeichnungen
- Begriffsverwechslungen
- Orientierungsprobleme
- verwechseln richtungsweisende Bezeichnungen, links-rechts, oben-unten

- können oft mit Befehlen, wie "geh einen Schritt zurück", nichts anfangen
- hören keinen Anfangs- oder Endbuchstaben eines Wortes
- können manchmal nicht zuhören oder das Gehörte wiedergeben
- erzählen Geschichten nicht in korrekter Reihenfolge
- kein Interesse für Buchstaben- und/oder Zahlensymbole
- kein Interesse, den eigenen Namen schreiben zu lernen
- wenig Interesse an Kinderreimen, Kinderliedern
- wenig Interesse an Memory- oder Puzzlespielen
- können Rhythmen nicht nachklopfen
- können Reihen schlecht nachvollziehen
- auffällig "gute und schlechte" Tage
- in Alltagssituationen auffallend wach und interessiert
- die Kinder sind oft auffallend ängstlich und unsicher
- andererseits haben sie vor nichts Angst, steigen überall hinauf und springen überall herunter
- haben eine "eigene Ordnung"
- genießen das Vorlesen, lieben es, dazu Bilder anzuschauen
- lieben Konstruktionsspiele
- brauchen oft sehr lange, bis sie ein neues Spielzeug ausprobieren
- hohe Merkfähigkeit
- hohe Kreativität
- auffallend gutes technisches Verständnis.

Treffen bei einem Kind mehrere dieser oben angeführten Eigenarten zusammen, sollten Eltern oder Vorschulpädagogen durch Beobachtung weitere Information sammeln und dem Kind eine gezielte Förderung angedeihen lassen. Eine frühe Förderung bringt ungeahnte Fortschritte für die Kinder. Viel Frustration und ein langer Leidensweg können dadurch verhindert werden.

Die Beobachtung als Grundvoraussetzung

Die Aufgaben des Kindergartens sind vielfältig. Neben der sozialen Erziehung, der Förderung der Sprachbeherrschung, der Umweltorientierung, der Bewegungsförderung, der Denkförderung, dem Gestalten mit Material, dem Singen und Musizieren, der rhythmisch-musikalischen Erziehung und der emotionalen Erziehung ist auch die Förderung der Wahrnehmung eine wichtige Aufgabe.

Im Kindergarten sollten alle Sinne gefördert werden. Seh- und Hörspiele, rhythmisch-musikalische Erziehung, das bildnerische Gestalten und Werken sollen dem Kind helfen, bewusst wahrzunehmen. Man sollte auch daran denken, dass viele Kinder mitunter körperlich bedingte Probleme haben, hervorgerufen etwa durch Ohrenentzündungen, die Kinder bei der Wort- und Satzbildung beeinträchtigen können. Unterschiede zwischen /g/ und /k/ oder Dehnungen und Schärfungen werden schlecht bis gar nicht wahrgenommen. Die Folgeerscheinungen sind erst zu bemerken, wenn die Kinder nicht das Geforderte erbringen. Eltern oder Kleinkindpädagogen sollten das Kind auch öfter von hinten ansprechen, um zu testen, ob es auch hört. Kinder verstehen es oft perfekt, von den Lippen abzulesen, und kompensieren so, natürlich unbewusst, ein Unvermögen.

Auch im Bereich des Sehens kann es körperliche Beeinträchtigungen geben. Werden Unregelmäßigkeiten bemerkt, ist eine medizinische Abklärung unbedingt erforderlich, denn oftmals stecken nicht nur optische oder akustische Verarbeitungsprobleme, sondern tatsächlich körperliche Mängel dahinter. Auch die Körperkoordination bereitet manchen Kindern Schwierigkeiten. Beobachten kann man dies besonders beim Anziehen. Man muss versuchen, hier auch frühzeitig der späteren

Kindes, im gleichen Tempo das Turngewand an- und auszuziehen wie die anderen Kinder. Diese Unlust entsteht gar nicht durch das Turnen selbst. Auch müssen die Kinder lernen, ihre Körperteile zu benennen, damit Körperschemaprobleme erst gar nicht auftreten.

Kinder in der heutigen Zeit kommen auch viel zu wenig mit der natürlichen Schulung der Sinne, besonders im Bereich der Mengenerfassung, in Berührung. Mit Sand, Wasser und Gefäßen zu hantieren, soll man ihnen ermöglichen. Auch für die Fertigkeit, Schreibgeräte zu halten, ist eine Vorbereitung durch das ausgiebige Befassen mit Ton oder anderen Knetmassen Voraussetzung. Eine große Anzahl von didaktischen Spielen und Spielzeugen steht in jedem Kindergarten zur Verfügung.

Die Wahrnehmungsförderung ist eine wichtige Voraussetzung für die Denkförderung. Eine intakte Wahrnehmung erleichtert das Erlernen des Schreibens, Lesens und Rechnens. Zwischen der Sinnesschulung und den motorischen Aktivitäten des Kindes besteht ein relevanter Zusammenhang. Gerade durch die Beobachtung gelingt es oftmals, differente

Sinneswahrnehmungen bei einem Kind aufzudecken. Die Beobachtung und der Vergleich mit Gleichaltrigen ist ein hervorragendes Werkzeug, besonders für den Kleinkind- und Vorschulpädagogen, der ja bestens über die Bereiche der Sensorischen Integration informiert ist und dem sehr schnell Unregelmäßigkeiten ins Auge stechen. Auch Eltern sollen ruhig Vergleiche mit anderen Kindern anstellen. Es ist keine Schande, wenn ein anderes Kind weiter in seiner Entwicklung ist, auch wenn es gleichaltrig oder jünger ist als das zu vergleichende.

Die Liste, welche auf differente Sinneswahrnehmungen hinweist, sollte ganz emotionslos durchgegangen werden. Sie stellt einen guten Leitfaden dar, der Aufschluss über die einzelnen Zustände der Sinneswahrnehmungen geben kann. Sollten sich mehrere Hinweise ergeben, so ist es ratsam, im Interesse des Kindes zu handeln. Ein zutreffender Bereich sagt noch nichts aus! Man sollte mit einem Kleinkind- oder Vorschulpädagogen über die gemachten Wahrnehmungen sprechen und sich nicht damit vertrösten lassen, dass es schon werden wird und dass alles seine Zeit braucht. Damit ist schon in vielen Fällen sehr wertvolle Zeit vergangen, die man zur individuellen Förderung des Kindes hätte nützen können. Förderungen müssen intensiv über einen längeren Zeitraum durchgeführt werden, ansonsten können nicht die gewünschten Erfolge erzielt werden.

Intelligenztest?

Vorweg, differente Sinneswahrnehmungen und Intelligenz haben miteinander absolut nichts zu tun! Leider ist die Meinung in unserer Gesellschaft felsenfest verankert, ein Mensch, der schreiben, lesen und rechnen kann, ist "gescheit", einer, der es nicht kann oder schwerer erlernt, ist "nicht gescheit". Diese stereotype Meinung ist natürlich völlig falsch! Viele Menschen, die kein gutes kognitives Vermögen besitzen, finden sich in den Kulturtechniken tadellos zurecht. Andererseits gibt es sogar überdurchschnittlich intelligente Menschen, welche mit dem

Es gibt eine ganze Reihe von Intelligenztests, auch schon für das Kleinkind. Die Intelligenz geht auf viele Faktoren und deren Zusammenspiel zurück. Daher ist es möglich, dass verschiedene Menschen bei Intelligenztests, die nur den einen oder anderen Faktor prüfen, sehr schlecht abschneiden, obwohl ihre Gesamtintelligenz sich im Alltag sehr gut bewährt. Dazu gehören besonders die Intelligenztests, welche das Funktionieren der Sinneswahrnehmungen im Zusammenhang mit der Intelligenz sehen. Dazu eine einfache Frage: "Einem Blinden, von dem man verlangt, dass er Karten einer Bildgeschichte der Reihe nach ordnet, gelingt es aber nicht. Geschieht dies, weil er unintelligent ist oder weil er einfach die Karten nicht sehen kann?" Dadurch wird die Vergleichbarkeit wirklich in Frage gestellt!

Es ist aber zweifellos richtig, dass eine eroberungswerte Umwelt und der Anreiz zum Denken und zum Lernen gerade während der ersten sechs Lebensjahre die Höhe der Intelligenz des Menschen grundlegend beeinflussen. Die pädagogische Schlussfolgerung daraus ist, dem Kind möglichst viele Lernmöglichkeiten zu bieten, ohne es jedoch durch Leistungsdruck zu belasten.

Mit dem Computer die Sinneswahrnehmungen schulen

Schon im Vorschulalter ist es möglich, den Kindern Spiele am Computer zur Verfügung zu stellen, die zur Verbesserung der einzelnen Sinneswahrnehmungen geeignet sind. Es ist natürlich wichtig, dass die Förderung der Sinneswahrnehmungen nicht ausschließlich auf der Computer-Basis passiert. Vorteilhaft ist auch, wenn sich zumindest zeitweise ein Erwachsener beim Kind aufhält, um Verschiedenes zu erklären oder mit dem Kind generell über die Tätigkeiten zu sprechen. Ein Überkonsum ist dann zumeist ausgeschlossen. Auf jeden Fall kommt eine interaktive Computersoftware dem Spieldrang des Kindes wesentlich

mehr entgegen als eine Fernsehsendung. Tatsächlich sind Computerspiele meist nach dem Muster konventioneller Spiele gestrickt und nachempfunden. Interessant ist zu beobachten, dass Kinder meist selbst schnell merken, ob ein Computerspiel gut oder schlecht ist. Sie verlieren nämlich sehr schnell die Freude daran, wenn es nicht entspricht.

Literaturverzeichnis

Ayres, Anna Jean; u.a.: Bausteine der kindlichen Entwicklung: Die Bedeutung der Integration der Sinne für die Entwicklung des Kindes. 2002.

Backes, Sabine; Künkler, Nikola: Kompetent beobachten: Sehen - Verstehen - Handeln. Dokumentationsmappe mit Beobachtungsbögen und umfassendem Leitfaden zur Bildungsdokumentation. Für Kinder vom ersten Lebensjahr bis zum Schuleintritt. 2015.

Bestle-Körfer, Regina; u.a.: Sehen, hören, schmecken... Mit Kindern alle Sinne entdecken. 2005.

Beudels, Wolfgang; u.a.: Komm, wir spielen Sprache: Handbuch zur psychomotorischen Förderung von Sprache und Stimme. 2003.

Biermann, Ingrid: Musikalische Förderung für Kleinkinder: Ideen für Krippe, Kita und Tagesmütter. 2006.

Blucha, Ulrike; u.a.: Fühlen, hören, sehen: Förderideen für Kinder mit taktilen, auditiven und visuellen Wahrnehmungsstörungen. 2008.

Burger-Gartner, Jutta; u.a.: Auditive Verarbeitungs- und Wahrnehmungsleistungen bei Vorschulkindern: Diagnostik und Therapie. 2006.

Casey, Beth; u.a.: Lernen kann ich immer und überall! Weltentdeckungen und Lernanregungen für 3- bis 5-Jährige. 2007.

Doering, Waltraut; u.a.: Von der Sensorischen Integration zur Entwicklungsbegleitung. 2001.

Diekhof, Mariele: Kita KITOPIA. 2015.

Eggert, Dietrich, u.a.: Ditka. Diagnostisches Inventar taktil-kinästhetischer Alltagshandlungen von Kindern im Vorschul- und Grundschulalter. 2000.

Fischer-Olm, Anna: Alle Sinne helfen mit: Ganzheitliche Arbeit in Kindergarten, Vorstufe und Grundschule. 2002.

Friebel, Volker: Das Anti-Stress-Buch für den Kindergarten: Entspannungspädagogik für Kinder und Erzieher/innen. 2012.

Friedl, Johanna; u.a.: Sprache erleben: Sprachförderung für Kinder. 2007.

Friedrich, Gerhard; u.a.: Buchstabenland Übungsbuch: Zur Vorbereitung auf die 1. Klasse. Mit Lösungsstickern. 2008.

Friedrich, Gerhard; u.a.: Mein Zahlenland Übungsbuch. 2008.

Gebauer-Sesterhenn, Birgit; Pulkkinen, Anne: Die ersten 3 Jahre meines

Geilen, Hedwig; u.a.: Kreativ mit allen Sinnen: Ganzheitliche Methoden für die Gruppenarbeit mit Kindern und Erwachsenen. 2004.

Gröne, Berthold; u.a.: Bildmaterial zum Spracherwerb. 2000.

Haider, Claudia: Lese-Rechtschreib-Training 1, Optik, Akustik, Raumorientierung, Serialität, Intermodalität. 2001.

Hebenstreit, Sigurd: Friedrich Fröbel: Menschenbild, Kindergartenpädagogik, Spielförderung. 2014.

Holzwarth-Raether, Ulrike; Müller-Wolfangel, Ute: Das große Vorschulbuch. 2016.

Jampert, Karin; u.a.: Schlüsselkompetenz Sprache: Sprachliche Bildung und Förderung im Kindergarten. Konzepte, Projekte und Maßnahmen. 2007.

Jampert, Karin: Schlüsselsituation Sprache. 2002.

Jansens, Rianne; u.a.: Spielerisch die Welt der Schrift entdecken: Aktivitäten zur Förderung von schreibmotorischen Grundvoraussetzungen. Praxisordner. 2007.

Kisling, Ulla: Sensorische Integration im Dialog. 2000.

Klöck, Irene; Schorer, Caroline: Übungssammlung Frühförderung: Kinder von 0-6 heilpädagogisch fördern. 2014.

Kopp-Duller, Astrid: Legasthenie und LRS: Der praktische Ratgeber für Eltern. 2003.

Kopp-Duller, Astrid; Pailer-Duller, Livia: Legasthenie – Dyskalkulie !? 2015.

Kopp-Duller, Astrid: Legasthenie - Training nach der AFS-Methode. 3. Auflage, 2012.

Kopp-Duller, Astrid; Duller, Livia: Dyskalkulie - Training nach der AFS-Methode. 3. Auflage, 2013.

Kopp-Duller, Astrid; Duller, Livia: Legasthenie im Erwachsenenalter. 2. Auflage, 2012.

Kopp-Duller, Astrid: Der legasthene Mensch. 5. Auflage, 2010.

Kroeber, Ria: Fühlkiste und Schnüffelleine. Kreative Ideen zur Wahrnehmungsförderung. 2003.

Krumbach, Monika; u.a.: Das Sprachspiele-Buch: Kreative Aktivitäten rund um Wortschatz, Aussprache, Hörverständnis und Ausdrucksfähigkeit - für Kindergarten und Grundschule. 2004.

Largo, Remo H.: Babyjahre: Entwicklung und Erziehung in den ersten vier Jahren. 2013.

Lentes, Simone; u.a.: Ganzheitliche Sprachförderung: Ein Praxisbuch für Kindergarten, Schule und Frühförderung. 2007.

Martschinke, Sabine; u.a.: Diagnose und Förderung im Schriftspracherwerb: Anlaute hören, Reime finden, Silben klatschen: Erhebungsverfahren zur phonologischen Bewusstheit in der Vorschule. 2004.

Mertens, Krista: Lernprogramm zur Wahrnehmungsförderung. 2001.

Neumann, Christine: Bücherspaß in der Kita: Bildung fängt im Kindergarten an. 2005.

Oezogul, Uta; u.a.: Sprachförderung für 3- bis 7-Jährige: Ausgearbeitete Stunden und Materialien für ein ganzes Jahr. 2007.

Penner, Zvi; u.a.: Programmhandbuch zu "Sprache und frühkindliche Bildung". 2007.

Pighin, Gerda; u.a.: Die besten Förderspiele von 0 bis 6 Jahren: So unterstützen Sie die Fähigkeiten Ihres Kindes. 2008.

Pighin, Gerda: Die Entwicklung Ihres Kindes: 100 Elternfragen. 2009.

Rau von Haupt, Marie Luise: Literacy: Vom ersten Bilderbuch zum Erzählen, Lesen und Schreiben. 2007.

Rieck , Gottlob: Fördern durch Spielen: Spielesammlung zur Förderung von Kindern im Vorschulalter. 1995.

Schäfer, Claudia: Kleinkinder fördern mit Maria Montessori. 2008.

Simon, Ines; u.a.: Für Mathe gut gerüstet 1: Grundlegende mathematische Förderung mit allen Sinnen auf dem Weg vom Kindergarten zur Grundschule. Vor Schulbeginn schon mittendrin. 2007.

Simon, Ines; u.a.: Für Mathe gut gerüstet 2: Grundlegende mathematische Förderung mit allen Sinnen auf dem Weg vom Kindergarten zur Grundschule. Vor Schulbeginn schon mittendrin. 2007.

Smith, Theodate Louise: The Montessori System in Theory and Practice; An Introduction to the Pedagogic Methods of Dr. Maria Montessori. 2010.

Steiner, Franz; u.a.: Die Sinne: Spielen - Gestalten - Freude entfalten. Förderung der Wahrnehmungsfähigkeit bei Kindern. Ein Arbeitsbuch für Kindergarten, Schule und Eltern. 2003.

Tenta , Heike: Literacy in der Kita: Ideen und Spiele rund um Sprache und Schrift. 2007.

Tietze-Fritz, Paula: Integrative Förderung in der Früherziehung: Entwicklungsgefährdete Kinder und ihre psychomotorischen Fähigkeiten.

Von Francke, Rosemarie Tracy: Wie Kinder Sprachen lernen: Und wie wir sie dabei unterstützen können. 2007.

Voigt , Nadine: Reggiopädagogik - Der Raum als dritter Erzieher: Zum Einfluss der Raumgestaltung auf die Entwicklung und Förderung von Kindern. 2007.

Walter, Gisela: Sprache - der Schlüssel zur Welt: Spiele und Aktionen zur ganzheitlichen Sprachförderung. 2003.

Wiedemann-Mayer, Christiane; Jakob, Jana: SUBIK. 2015.

Wilken, Hedwig: Kursbuch Sinnesförderung: So lernen Kinder sinnenreich leben. 2003.

Wilmes-Mielenhausen, Brigitte; u.a.: Wahrnehmungsförderung für Kleinkinder: Ideen für Krippe, Kitas und Tagesmütter. 2008.

Wirnsperger, Sebastian: Soziale Arbeit im Kindergarten: Anforderungen, Aufgaben und Konzepte an und für die Soziale Arbeit im Bereich der Kleinkindpädagogik. 2014.

Wirtz, Simone; u.a.: Erfolgreich in die Schule - Förderung der Schulfähigkeit. 2005.

Wischmeyer, Marietta: Das Finden der Sinne: Sensorische Integration und Lesenlernen. 2000.

Zeller, Martina; u.a.: Spielideen für den Kindergarten: Ganzheitliche Förderung kreativ gestalten. 2008.

Zimmer, Renate: Kreative Bewegungsspiele. Psychomotorische Förderung im Kindergarten. 2007.

Zimmer, Renate: Mit allen Sinnen die Welt erfahren. Wunderfitz-Arbeitsheft zur Wahrnehmungsförderung. 2004.

Eine Liste von didaktischen Spielmaterialien und Lieferanten wurde nicht erstellt, weil es unmöglich wäre, damit auch nur annähernd dem großen Angebot gerecht zu werden. Kleinkindpädagogen oder auch umsichtigen Eltern, die sich mit dem Thema auseinandergesetzt haben, fällt es aber nicht schwer, zusätzlich zu der großen Auswahl an Übungen und an Arbeitsblättern, die in diesem Buch enthalten sind, in guten Fachgeschäften Materialien für die Förderung der Sinneswahrnehmungen betroffener Kinder zu finden.

Pädagogischer Sinneswahrnehmungstest im Vorschulalter (PSV) gibt schnell Aufschluss

Die Beobachtung ist der Grundstein zu Interventionsschritten. Ergeben sich bei einem Kind über einen längeren Zeitraum immer wieder Verdachtsmomente, so sollte rasch gehandelt werden. Ein Hinauszögern ist der weiteren Entwicklung des Kindes abträglich. Eltern sollten Äußerungen und Warnungen von Vorschulpädagogen nicht in den Wind schreiben, sondern mit diesen Spezialisten versuchen, eine intensive Förderung des Kindes einzuleiten. Es ist eine Förderung zumeist nur dann von Erfolg gekrönt, wenn sie gemeinschaftlich erfolgt. Eltern haben auch ihren Beitrag zu leisten.

Bevor man aber mit der Förderung beginnt, muss eine möglichst genaue Abklärung der Problemgebiete beim jeweiligen Kind erfolgen. Das folgende, sehr bewährte Kontrollverfahren gibt Aufschluss über die Beschaffenheiten der Sinneswahrnehmungen bei einem Kind. Sie können diese Überprüfung ohne großen Aufwand tätigen. Das Testverfahren sollte so durchgeführt werden, dass das Kind möglichst spielerisch und störungsfrei die ihm gestellten Aufgaben machen kann.

Es dient zur Entwicklungsüberprüfung des sensomotorischen Bereiches, der Teilleistungsgebiete bei Kindern von 4 bis 7 Jahren. Es können ohne weiteres mehrere Bereiche hintereinander überprüft werden. Stellen sich beim Kind Anzeichen einer Ermüdung ein, so ist die Überprüfung abzubrechen und zu einem späteren Zeitpunkt fortzusetzen. Sie können aber auch Werte aus der Erfahrung in den Kontrollbogen eintragen, wenn Sie sich über die Leistungen des Kindes bei einer gewissen Übung völlig im Klaren sind. Es ist dann nicht notwendig, das Kind damit überflüssigerweise zu belasten.

Die gestellten Aufgaben sind Mindestanforderungen. Das heißt, das Kind muss die ihm gestellten Aufgaben in einer angemessenen Zeit ordnungsgemäß leisten. Zeigen sich auch nur geringe Unsicherheiten, ist der Bereich durch weitere Überprüfungen abzuklären und eine zielgerichtete Förderung einzuleiten. Eine individuelle und intensive Förderung kann mit den Übungen und Arbeitsblättern, die sich im Praxisteil befinden, erfolgen.

Allgemeine Anleitung zu den Kontrollblättern

- **Wer soll überprüft werden?**
  Kinder im Alter von 4 bis 7 Jahren.

- **Was soll überprüft werden?**
  Der altersgemäße Entwicklungsstand der Sinneswahrnehmungen.

- **Zu welchem Zweck soll überprüft werden?**
  Um dem Kind individuelle Hilfe geben zu können, um es damit rechtzeitig vor unweigerlich eintretenden Problemen beim Erlernen der Kulturtechniken zu schützen.

- **Wer führt die Überprüfung durch?**
  Der Test ist einfach und ohne viel Aufwand entweder von Kleinkind- und Vorschulpädagogen oder von Eltern durchzuführen.

○ **Welche Gebiete werden überprüft?**

Optische Differenzierung (OD)

Beispiel: Zwei einfache Zeichnungen schauen auf den ersten Blick völlig gleich aus. Betrachtet man die beiden Bilder jeodch länger, so bemerkt man einige Unterschiede. Kann das Kind nun beim genauen Hinschauen Unterschiede erkennen?

Optisches Gedächtnis (OG)

Beispiel: Dem Kind werden einfache Bilder vorgelegt, das Kind soll die Bilder betrachten, dabei nicht sprechen, dann werden sie zugedeckt. Das Kind soll nun Auskunft darüber geben, welche Bilder es gesehen hat und wo sie liegen. Kann das Kind alle Bilder nennen?

Optische Serialität (OS)

Beispiel: Man legt dem Kind Bilder der Reihe nach vor. Das Kind soll die Bilder betrachten, aber nicht mitsprechen. Die Bilder werden gemischt, das Kind soll die Reihe wiederherstellen. Kann das Kind die Bilderreihe wiederherstellen?

Akustische Differenzierung (AD)

Beispiel: Dem Kind werden Laute oder Worte vorgesprochen. Kann das Kind Unterschiede heraushören?

Akustisches Gedächtnis (AG)

Beispiel: Dem Kind werden Wörter, ein Gedicht oder eine kurze Geschichte vorgesprochen. Kann das Kind den Inhalt wiedergeben?

Akustische Serialität (AS)

Beispiel: Dem Kind wird eine Reihe von Wörtern vorgesprochen. Kann das Kind die Wörter wiederholen?

Raumorientierung (RO)

Beispiel: Dem Kind wird eine Figur vorgezeichnet. Kann es diese nachzeichnen?

Körperschema/Handgeschick (KS/HG)

Beispiel: Das Kind soll eine menschliche Figur zusammenstellen oder das Kind soll mit der Schere genau nach einer Linie schneiden.

Es folgen nun genauere Erklärungen zu den Aufgabenstellungen in den Kontrollblättern.

Es sind Kontrollblätter für sieben Altersstufen vorhanden. Das auf dem Blatt vorgegebene Alter muss vom Kind bereits vollendet worden sein.

Kontrollblatt 1 - 4 Jahre

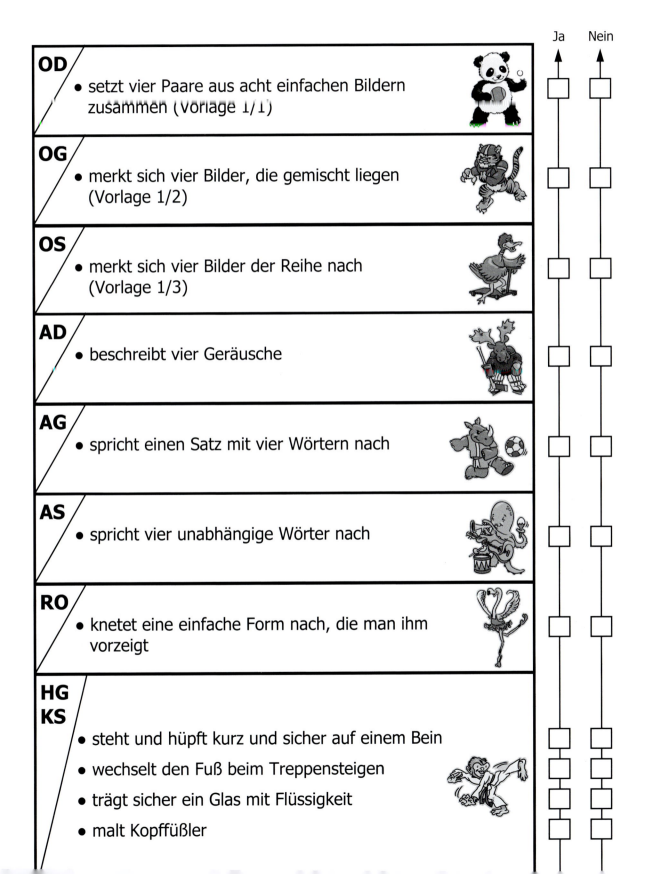

	Ja	Nein
OD • setzt vier Paare aus acht einfachen Bildern zusammen (Vorlage 1/1)	☐	☐
OG • merkt sich vier Bilder, die gemischt liegen (Vorlage 1/2)	☐	☐
OS • merkt sich vier Bilder der Reihe nach (Vorlage 1/3)	☐	☐
AD • beschreibt vier Geräusche	☐	☐
AG • spricht einen Satz mit vier Wörtern nach	☐	☐
AS • spricht vier unabhängige Wörter nach	☐	☐
RO • knetet eine einfache Form nach, die man ihm vorzeigt	☐	☐
HG KS • steht und hüpft kurz und sicher auf einem Bein • wechselt den Fuß beim Treppensteigen • trägt sicher ein Glas mit Flüssigkeit • malt Kopffüßler	☐☐☐☐	☐☐☐☐

Vorlage 1/1

Vorlage 1/2

Vorlage 1/3

Praktische Anleitung
Kontrollblatt 1

4 Jahre

Optisches Differenzieren

Das Kind wird dazu angehalten, vier Paare aus acht einfachen Bildern zusammenzusetzen. Dazu benützt man die Vorlage 1/1. Die acht Bilder werden zuerst ausgeschnitten. Dann werden sie dem Kind alle gleichzeitig, aber durcheinander vorgelegt. Das Kind sucht nun die Paare und legt sie geordnet zusammen.

Optisches Gedächtnis

Das Kind wird dazu angehalten, sich die vier Bilder, die aufgedeckt vor ihm liegen, zu merken. Dazu benützt man die Vorlage 1/2. Die vier Bilder werden zuerst ausgeschnitten. Dann werden sie dem Kind gezeigt. Wichtig dabei ist, dass man die Gegenstände, die sich auf den Karten befinden, nicht bezeichnet oder beschreibt. Dann werden die Karten umgedreht. Das Kind muss sich nun gemerkt haben, wo die verschiedenen Karten liegen, und dies sagen. Dann deckt man die Karten wieder auf.

Optische Serialität

Das Kind wird dazu angehalten, sich die vier Bilder, die ihm in einer Reihe vorgelegt werden, zu merken. Dazu benützt man die Vorlage 1/3. Die vier Bilder werden zuerst ausgeschnitten. Dann werden sie dem Kind in einer Reihe eines nach dem anderen vorgelegt. Dann werden die Karten gemischt. Das Kind muss die gleiche Reihe wiederherstellen.

Akustische Differenzierung

Das Kind wird dazu angehalten, vier Geräusche, die man ihm präsentiert hat, zu beschreiben. Die Geräusche werden so erzeugt, dass das Kind es nicht sehen kann. Beispielsweise kann man in die Hände klatschen, mit dem Fuß auf den Boden stampfen, an die Türe klopfen, ein Fenster öffnen etc. Die Beschreibung muss nicht in der Reihenfolge passieren, in der die Geräusche erzeugt worden sind.

Akustisches Gedächtnis

Das Kind wird dazu angehalten, einen Satz mit vier Wörtern nachzusprechen. Fünf Sätze werden vorgesprochen.

Das Haus ist groß.
Der Hund bellt laut.
Mein Pyjama ist bunt.
Heute kommt meine Omi.
Ich wasche meine Hände.

Akustische Serialität

Das Kind wird dazu angehalten, vier unabhängige Wörter in der gleichen Reihenfolge nachzusprechen. Vier Beispiele werden langsam, wenn nötig wiederholt vorgesprochen, wobei zwei Wiederholungen gemacht werden dürfen.

Baustein - Teddybär - klein - arbeiten
Bilderbuch - Haare - arm - spielen
Malstift - Hände - groß - laufen
Katze - Ball - warm - husten
Mantel - Regenschirm - laut - kaufen

Raumorientierung

Das Kind wird dazu angehalten, eine einfache Form aus Knetmasse, die man ihm vorzeigt und als Muster stehen lässt, genau nachzumachen. Dabei ist vor allem wichtig, dass die Proportionen und die Größe stimmen.

Körperschema/Handgeschick

- Das Kind wird dazu angehalten, kurz auf einem Bein zu stehen und auf einem Bein zu hüpfen.
- Man beobachtet, ob das Kind beim Treppensteigen den Fuß wechselt.
- Das Kind wird dazu angehalten, ein Glas mit Flüssigkeit zu tragen.
- Das Kind wird dazu angehalten, einen Menschen zu malen. Das Kind muss bereits erkennen, dass der Mensch Gliedmaßen hat.

Kontrollblatt 2 - 4 1/2 Jahre

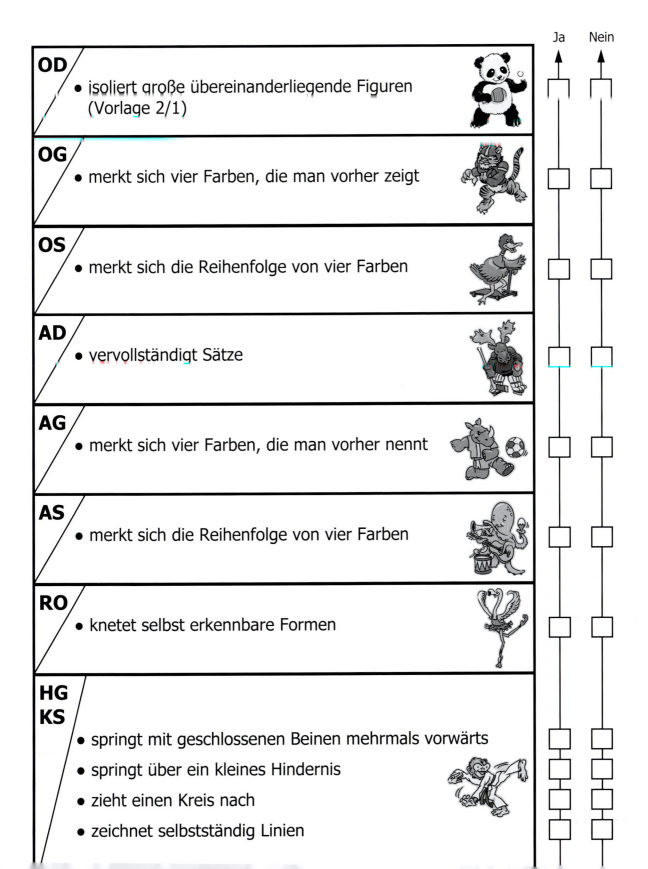

		Ja	Nein
OD	• isoliert große übereinanderliegende Figuren (Vorlage 2/1)	☐	☐
OG	• merkt sich vier Farben, die man vorher zeigt	☐	☐
OS	• merkt sich die Reihenfolge von vier Farben	☐	☐
AD	• vervollständigt Sätze	☐	☐
AG	• merkt sich vier Farben, die man vorher nennt	☐	☐
AS	• merkt sich die Reihenfolge von vier Farben	☐	☐
RO	• knetet selbst erkennbare Formen	☐	☐
HG KS	• springt mit geschlossenen Beinen mehrmals vorwärts • springt über ein kleines Hindernis • zieht einen Kreis nach • zeichnet selbstständig Linien	☐☐☐☐	☐☐☐☐

Vorlage 2/1

Praktische Anleitung

Kontrollblatt 2

4 ½ Jahre

Optisches Differenzieren

Das Kind wird dazu angehalten, aus einer Abbildung mit übereinanderliegenden Bildern zu erkennen, um welche es sich handelt. Dazu benützt man die Vorlage 2/1. Das Kind muss erkennen, dass sich auf dem Blatt ein Haus, ein Baum und ein Auto befinden.

Optisches Gedächtnis

Das Kind wird dazu angehalten, sich die vier Farben, die man ihm mittels Farbkarten, Bausteinen oder Malstiften zeigt, zu merken. Die Farben werden nicht benannt. Danach werden die Vorlagen weggeräumt. Das Kind soll nun aus einer großen Anzahl von Gegenständen die Farben heraussuchen, welche es zuvor gezeigt bekommen hat. Dabei muss die Reihenfolge, in der die Farben gezeigt wurden, nicht eingehalten werden. Fünf verschiedene Farbkombinationen werden dem Kind gezeigt.

Blau - Gelb - Rot - Violett
Gelb - Rosa - Braun - Grün
Rot - Weiß - Orange - Gelb
Braun - Gelb - Blau - Schwarz
Grün - Weiß - Braun - Blau

Optische Serialität

Das Kind wird dazu angehalten, sich die Reihenfolge von vier Farben, die ihm mittels Farbkarten, Bausteinen oder Malstiften gezeigt werden, zu merken. Man legt eine Farbe nach der anderen auf, ohne sie zu

Farben weggenommen. Das Kind soll nun aus einer großen Anzahl von Gegenständen die Farben heraussuchen, welche es zuvor gezeigt bekommen hat. Dabei muss die Reihenfolge, in der die Farben gezeigt wurden, unbedingt eingehalten werden. Fünf verschiedene Farbkombinationen werden gezeigt.

Braun - Gelb - Blau - Schwarz
Gelb - Rosa - Braun - Grün
Rot - Weiß - Orange - Gelb
Grün - Weiß - Braun - Blau
Blau - Gelb - Rot - Violett

Akustisches Differenzieren

Dem Kind wird ein unvollständiger Satz angeboten und es wird dazu aufgefordert, diesen sinnvoll zu vervollständigen.

Der Ball ist...
Ich bin heute sehr...
Am Stuhl kann man...
Der Bäcker bäckt das...

Akustisches Gedächtnis

Das Kind wird dazu angehalten, sich vier Farben, die man vorher nennt, zu merken und zu wiederholen. Die Reihenfolge muss nicht eingehalten werden. Fünf verschiedene Farbkombinationen werden genannt.

Blau - Gelb - Rot - Violett
Gelb - Rosa - Braun - Grün
Rot - Weiß - Orange - Gelb
Braun - Gelb - Blau - Schwarz
Grün - Weiß - Braun - Blau

Akustische Serialität

Das Kind wird dazu angehalten, sich die Reihenfolge von vier genannten Farben zu merken und zu wiederholen. Die Reihenfolge muss unbedingt eingehalten werden. Fünf verschiedene Farbkombinationen werden genannt.

Braun - Gelb - Blau - Schwarz
Gelb - Rosa - Braun - Grün
Rot - Weiß - Orange - Gelb
Grün - Weiß - Braun - Blau
Blau - Gelb - Rot - Violett

Raumorientierung

Das Kind knetet selbst fünf Formen aus Knetmasse und benennt sie. Es müssen die Formen zu erkennen sein.

Körperschema/Handgeschick

- Das Kind wird dazu angehalten, mehrmals mit geschlossenen Beinen vorwärts zu springen.
- Das Kind wird dazu angehalten, über ein kleines Hindernis, beispielsweise über Bausteine, zu springen.
- Das Kind zieht einen Kreis nach, der vorgezeichnet ist. Der Kreis soll einen Durchmesser von mindestens 10 cm haben.
- Das Kind zeichnet selbstständig Linien nach, die vorgezeichnet sind. Dazu ist es notwendig, einen dicken Stift zur Verfügung zu stellen.

Kontrollblatt 3 - 5 Jahre

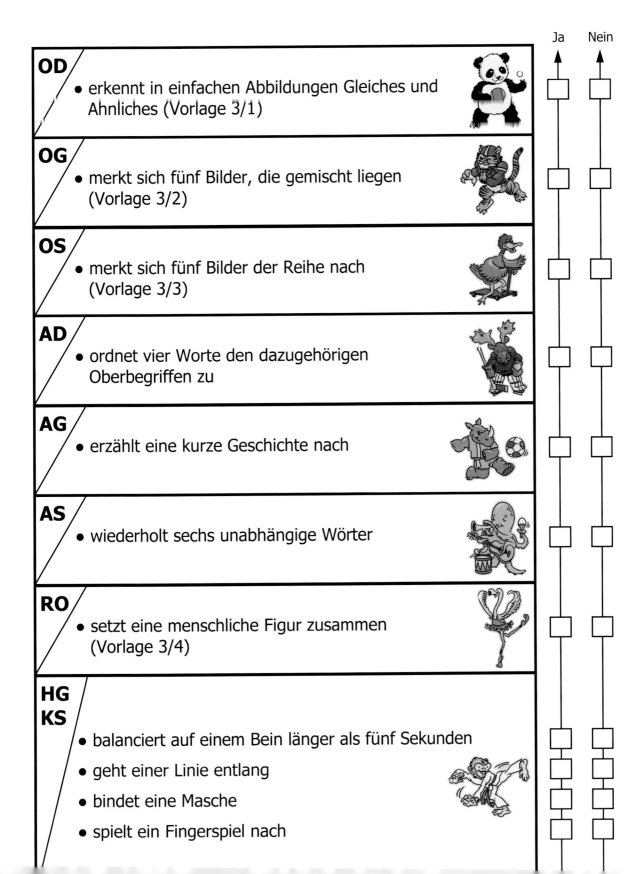

		Ja	Nein

OD
- erkennt in einfachen Abbildungen Gleiches und Ähnliches (Vorlage 3/1)

OG
- merkt sich fünf Bilder, die gemischt liegen (Vorlage 3/2)

OS
- merkt sich fünf Bilder der Reihe nach (Vorlage 3/3)

AD
- ordnet vier Worte den dazugehörigen Oberbegriffen zu

AG
- erzählt eine kurze Geschichte nach

AS
- wiederholt sechs unabhängige Wörter

RO
- setzt eine menschliche Figur zusammen (Vorlage 3/4)

HG KS
- balanciert auf einem Bein länger als fünf Sekunden
- geht einer Linie entlang
- bindet eine Masche
- spielt ein Fingerspiel nach

Vorlage 3/1

Vorlage 3/2

Vorlage 3/3

Vorlage 3/4

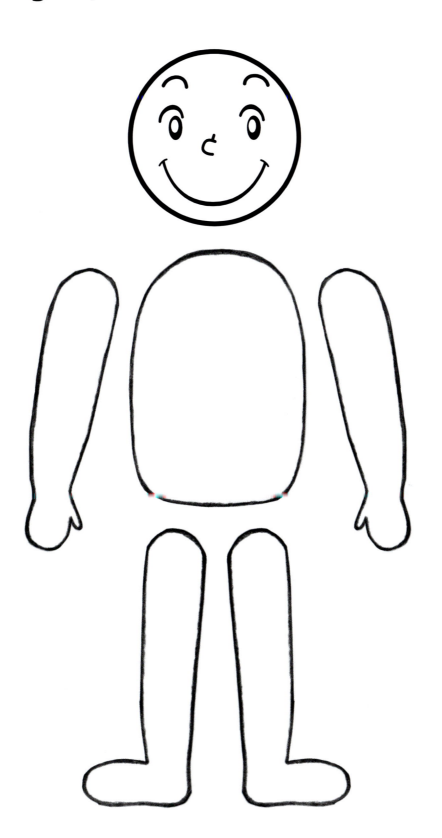

**Praktische Anleitung
Kontrollblatt 3**

5 Jahre

Optische Differenzierung

Das Kind wird dazu angehalten, in einfachen Abbildungen Gleiches und Ähnliches auseinanderzuhalten und zu beschreiben. Dazu benützt man die Vorlage 3/1. Die Bilder werden ausgeschnitten und den Kindern als einzelne Paare vorgelegt.

Optisches Gedächtnis

Das Kind wird dazu angehalten, sich die fünf Bilder, die aufgedeckt vor ihm liegen, zu merken. Dazu benützt man die Vorlage 3/2. Die fünf Bilder werden zuerst ausgeschnitten. Dann werden sie dem Kind gezeigt. Wichtig dabei ist, dass man die Gegenstände, die sich auf den Karten befinden, nicht bezeichnet oder beschreibt. Dann werden die Karten umgedreht. Das Kind muss sich nun gemerkt haben, wo die verschiedenen Karten liegen, und dies sagen. Dann deckt man die Karten wieder auf.

Optische Serialität

Das Kind wird dazu angehalten, sich die fünf Bilder, die ihm in einer Reihe vorgelegt werden, zu merken. Dazu benützt man die Vorlage 3/3. Die fünf Bilder werden zuerst ausgeschnitten. Dann werden sie dem Kind in einer Reihe eines nach dem anderen vorgelegt. Dann werden die Karten gemischt. Das Kind muss die gleiche Reihe wiederherstellen.

Akustische Differenzierung

Das Kind wird dazu angehalten, vier Worte, die man ihm vorher genannt hat, den dazugehörigen Oberbegriffen zuzuordnen.

Taube, Storch, Amsel, Krähe - Vögel
Sessel, Tisch, Schrank, Sofa - Möbel
Apfel, Banane, Orange, Birne - Obst
Hammer, Schraubenzieher, Bohrer, Zange - Werkzeug

Akustisches Gedächtnis

Das Kind erzählt eine kurze Geschichte nach, die man ihm vorher vorgelesen hat.

Geschichte: Der kleine Igel war das erste Mal alleine. Seine Mutter war nicht zuhause. Er wollte spielen. So ging er in den Garten. Plötzlich wurde es finster und Blitze zuckten vom Himmel. Es donnerte und es begann zu regnen. Der kleine Igel fürchtete sich sehr. Er wollte zu seiner Mutter laufen. Doch da erinnerte er sich, dass er ja alleine zuhause war. Er begann zu weinen. Glücklicherweise kam im gleichen Augenblick seine Mutter und schloss ihn in die Arme.

Akustische Serialität

Das Kind wird dazu angehalten, sechs unabhängige Wörter in der gleichen Reihenfolge nachzusprechen, wie man ihm diese vorgesprochen hat. Fünf Beispiele werden langsam und wenn nötig wiederholt vorgesprochen, wobei zwei Wiederholungen gemacht werden dürfen.

Baustein - Teddybär - klein - arbeiten - riechen - läuten
Bilderbuch - Haare - arm - spielen - kalt - sprechen
Malstift - Hände - groß - laufen - müde - schlafen
Katze - Ball - warm - husten - laufen - hoch

Raumorientierung

Das Kind wird dazu angehalten, eine menschliche Figur zusammenzusetzen. Dazu benützt man die Vorlage 3/4.

Körperschema/Handgeschick

- Das Kind wird dazu angehalten, auf einem Bein zu balancieren. Es soll fünf Sekunden balancieren können.
- Das Kind wird dazu angehalten, auf einer Linie entlang zu gehen. Die Linie kann mit einer Kreide auf den Boden gezeichnet werden oder es wird ein Isolierband aufgeklebt. Die Linie soll mindestens einen Meter lang sein.
- Das Kind wird dazu angehalten, eine Masche zu binden.

○ Das Kind wird dazu angehalten, ein kurzes Fingerspiel nachzuspielen:

Alle meine Fingerlein wollen heute Tiere sein
(mit allen Fingern in der Luft wackeln)
**Dieser Daumen ist das Schwein,
dick und fett und ganz allein.
Zeigefinger ist die braune Kuh,
die schreit immer "Muh, muh, muh".
Mittelfinger ist das stolze Pferd,
von dem Reiter wohl geehrt.
Ringfinger ist der Ziegenbock
mit dem langen Zottelrock.
Und das kleine Fingerlein,
das soll unser Lämmlein sein.
Tierlein, Tierlein im Galopp
laufen alle hopp, hopp, hopp,
laufen in den Stall hinein,
denn es wird bald finster sein.**

(Anleitung: ab "Tierlein, Tierlein ... wandern die Finger über die Arme zur Achselhöhle und werden dort bei "es wird bald finster sein" versteckt!)

Kontrollblatt 4 - 5 1/2 Jahre

		Ja	Nein
OD	• findet fünf Unterschiede bei zwei Bildern (Vorlage 4/1)	☐	☐
OG	• merkt sich sechs Bilder, die gemischt liegen (Vorlage 4/2)	☐	☐
OS	• ordnet eine Bildgeschichte mit sechs Bildern (Vorlage 4/3)	☐	☐
AD	• hört aus Wortfamilien nicht Dazugehörendes heraus	☐	☐
AG	• wiederholt drei erteilte Aufträge	☐	☐
AS	• wiederholt acht zusammengehörende Wörter	☐	☐
RO	• zeichnet ein Quadrat nach	☐	☐
HG KS	• zieht sich alleine an • öffnet und schließt kleine Knöpfe • wickelt Garn auf einer Spule auf • schreibt seinen Namen	☐ ☐ ☐ ☐	☐ ☐ ☐ ☐

Vorlage 4/1

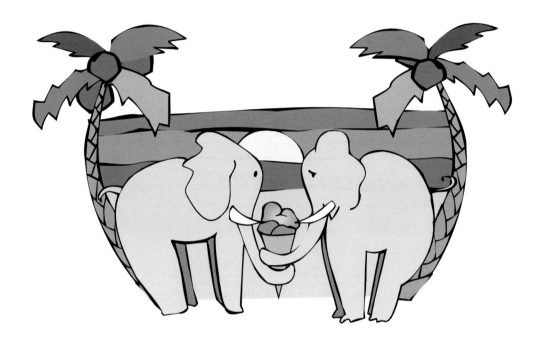

Vorlage 4/1

Vorlage 4/2

Vorlage 4/3

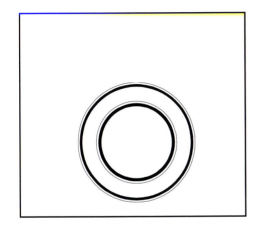

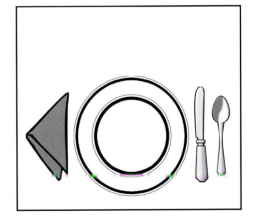

Praktische Anleitung
Kontrollblatt 4

5 ½ Jahre

Optische Differenzierung

Das Kind wird dazu angehalten, fünf Unterschiede in zwei ähnlichen Bildern zu finden. Dazu benützt man die Vorlage 4/1.

Optisches Gedächtnis

Das Kind wird dazu angehalten, sich sechs Bilder, die aufgedeckt vor ihm liegen, zu merken. Dazu benützt man die Vorlage 4/2. Die sechs Bilder werden zuerst ausgeschnitten. Dann werden sie dem Kind gezeigt. Wichtig dabei ist, dass man die Gegenstände, die sich auf den Karten befinden, nicht bezeichnet oder beschreibt. Dann werden die Karten umgedreht. Das Kind muss sich nun gemerkt haben, wo die verschiedenen Karten liegen, und dies sagen. Dann deckt man die Karten wieder auf.

Optische Serialität

Das Kind wird dazu angehalten, sechs Bilder einer Bildgeschichte, die durcheinander liegen, der Reihe nach zu ordnen. Dazu benützt man die Vorlage 4/3. Die sechs Bilder werden zuerst ausgeschnitten.

Akustische Differenzierung

Das Kind wird dazu angehalten, Wörter aus Wortfamilien herauszuhören, die nicht dazugehören. Dem Kind werden fünf Wortfamilien vorgesprochen.

Wohnung - wohnen - Wohnzimmer - Haus - abgewohnt - Wohngegend

Fahrrad - Radweg - Rad fahren - Fahrradschloss - Stiefel - Fahrradständer

Buch - Bücherei - Buchbinderei - Buchseite - schlafen - Buchregal

Schwimmreifen - schwimmen - rennen - Rückenschwimmer - Schwimmtier - Schwimmbad

Auto - Autobahn - Auto fahren - Rennauto - Straße - Autozubehör

Akustisches Gedächtnis

Das Kind wird dazu angehalten, drei ihm erteilte Aufträge zu wiederholen. Ein Auftrag nach dem anderen wird vorgesprochen und dann vom Kind wiederholt.

Hol mir die Geldtasche aus meiner Tasche.
Putz die Zähne und wasch das Gesicht.
Schneide das Blatt mit der Schere auseinander.

Akustische Serialität

Das Kind wird dazu angehalten, acht zusammengehörende Wörter zu wiederholen. Man spricht dem Kind die Wörter mehrmals, bis zu viermal, sehr deutlich und langsam vor.

Vater - Mutter - Kinder - Omi - Opa - Tante - Onkel - Cousine

Strand - Sandburg - Schaufel - Kübel - Rechen - Meer - Wasser - Ferien

Hund - Katze - Meerschwein - Hamster - Ratte - Maus - Kaninchen - Goldfisch

88
Raumorientierung

Das Kind wird dazu angehalten, ein Quadrat nachzuzeichnen. Das Kind zieht ein Quadrat nach, das vorgezeichnet ist. Das Quadrat soll einen Durchmesser von mindestens 10 cm haben. Dazu ist es notwendig, einen dicken Stift zur Verfügung zu stellen.

Körperschema/Handgeschick

○ Man beobachtet das Kind, ob es sich alleine anziehen kann.
○ Man beobachtet das Kind, ob es kleine Knöpfe öffnen und schließen kann.
○ Das Kind wird dazu angehalten, ein dickeres Garn auf einer Spule aufzuwickeln.
○ Man beobachtet das Kind, ob es seinen Namen schreiben kann.

Kontrollblatt 5 - 6 Jahre

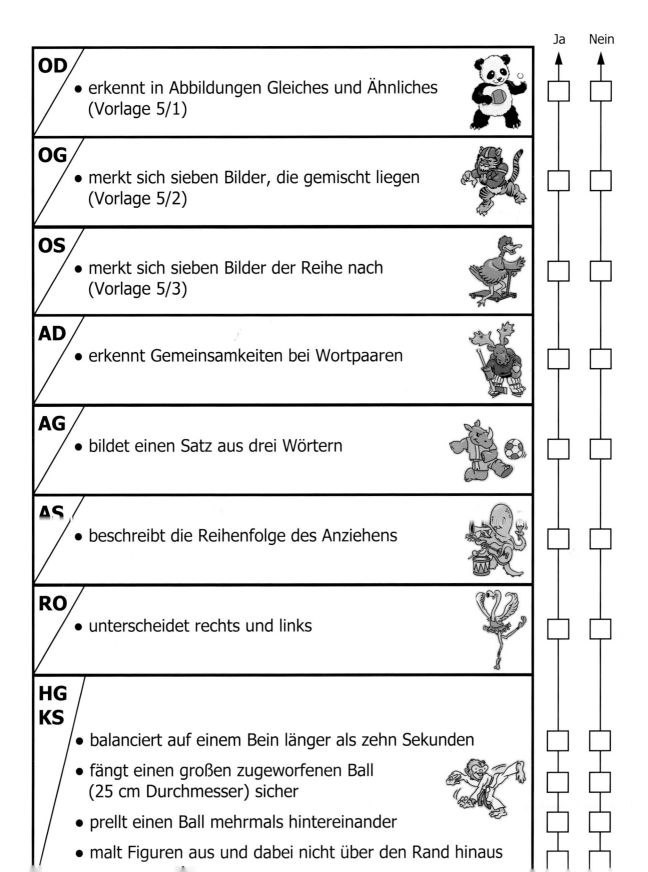

Ja Nein

OD
- erkennt in Abbildungen Gleiches und Ähnliches (Vorlage 5/1)

OG
- merkt sich sieben Bilder, die gemischt liegen (Vorlage 5/2)

OS
- merkt sich sieben Bilder der Reihe nach (Vorlage 5/3)

AD
- erkennt Gemeinsamkeiten bei Wortpaaren

AG
- bildet einen Satz aus drei Wörtern

AS
- beschreibt die Reihenfolge des Anziehens

RO
- unterscheidet rechts und links

HG KS
- balanciert auf einem Bein länger als zehn Sekunden
- fängt einen großen zugeworfenen Ball (25 cm Durchmesser) sicher
- prellt einen Ball mehrmals hintereinander
- malt Figuren aus und dabei nicht über den Rand hinaus

Vorlage 5/1

Vorlage 5/2

Vorlage 5/3

Vorlage 5/4

**Praktische Anleitung
Kontrollblatt 5**

6 Jahre

Optische Differenzierung

Das Kind wird dazu angehalten, in vier Bilderpaaren die Unterschiede zu erkennen und zu beschreiben, somit zwischen Gleichem und Ähnlichem zu unterscheiden. Die Bilderpaare werden ausgeschnitten und dem Kind einzeln vorgelegt. Dazu benützt man die Vorlage 5/1.

Optisches Gedächtnis

Das Kind wird dazu angehalten, sich die sieben Bilder, die aufgedeckt vor ihm liegen, zu merken. Dazu benützt man die Vorlage 5/2. Die sieben Bilder werden zuerst ausgeschnitten. Dann werden sie dem Kind gezeigt. Wichtig dabei ist, dass man die Gegenstände, die sich auf den Karten befinden, nicht bezeichnet oder beschreibt. Dann werden die Karten umgedreht. Das Kind muss sich nun gemerkt haben, wo die verschiedenen Karten liegen, und dies sagen. Dann deckt man die Karten wieder auf.

Optische Serialität

Das Kind wird dazu angehalten, sich die sieben Bilder, die ihm in einer Reihe vorgelegt werden, zu merken. Dazu benützt man die Vorlage 5/3. Die sieben Bilder werden zuerst ausgeschnitten. Dann werden sie dem Kind in einer Reihe eines nach dem anderen vorgelegt. Dann werden die Karten gemischt. Das Kind muss die gleiche Reihe wiederherstellen.

Akustische Differenzierung

Dem Kind werden fünf Wortpaare vorgesprochen. Es soll Gemeinsamkeiten in den Wortpaaren erkennen.

Sandkasten - Kastentüre
Handtasche - Taschenuhr
Autotüre - Haustüre
Spielzeug - Werkzeug
Sandspielzeug - Spielzeugtruhe

Akustisches Gedächtnis

Das Kind wird dazu angehalten, einen Satz aus drei ihm vorgesagten Wörtern zu bilden.

Katze - hungrig - müde
Hose - Loch - gerissen
Bausteine - Kindergarten - Burg
Jause - schmeckt - Apfel
Zeichnen - Malstifte - etwas

Akustische Serialität

Das Kind wird dazu angehalten, die Reihenfolge zu beschreiben, in der es sich anzieht.

Raumorientierung

Man beobachtet das Kind, ob es rechts und links unterscheiden kann.

Körperschema / Handgeschick

○ Das Kind wird dazu angehalten, auf einem Bein zu balancieren. Man muss darauf achten, dass dies länger als zehn Sekunden geschieht.

○ Das Kind wird dazu angehalten, einen großen, ihm zugeworfenen Ball (25 cm Durchmesser) sicher zu fangen.

○ Das Kind wird dazu angehalten, einen Ball mehrmals hintereinander zu prellen.

○ Das Kind wird dazu angehalten, Figuren auszumalen und dabei nicht über den Rand hinaus zu malen. Dazu benützt man die Vorlage 5/4.

Kontrollblatt 6 - 6 1/2 Jahre

		Ja	Nein
OD	• erkennt Widersinnigkeiten in einer Abbildung (Vorlage 6/1)	☐	☐
OG	• merkt sich fünf Buchstaben, die gemischt liegen (Vorlage 6/2)	☐	☐
OS	• merkt sich fünf Buchstaben der Reihe nach (Vorlage 6/3)	☐	☐
AD	• findet Reimwörter	☐	☐
AG	• bildet einen Satz aus vier Wörtern	☐	☐
AS	• hört den Anfangs- und Endbuchstaben eines Wortes	☐	☐
RO	• fährt einen Weg in einem Labyrinth mit einem Bleistift nach (Vorlage 6/4)	☐	☐
HG KS	• geht ganz sicher nach rückwärts • fängt einen zugeworfenen Tennisball sicher • schneidet Formen genau aus (Vorlage 6/5) • schreibt Buchstaben und Zahlen nach	☐ ☐ ☐ ☐	☐ ☐ ☐ ☐

Vorlage 6/1

Vorlage 6/2

B	H
V	R
I	

Vorlage 6/3

A	C
L	M
D	

Training der Sinneswahrnehmungen im Vorschulalter

Vorlage 6/4

Vorlage 6/5

Training der Sinneswahrnehmungen im Vorschulalter

Praktische Anleitung
Kontrollblatt 6

6 ½ Jahre

Optische Differenzierung

Das Kind wird dazu angehalten, vier Bilder, die man ihm nacheinander vorlegt, zu betrachten und die Widersinnigkeiten in den Abbildungen zu erkennen und zu beschreiben. Dazu benützt man die Vorlage 6/1. Die vier Bilder müssen zuerst ausgeschnitten werden.

Optisches Gedächtnis

Das Kind wird dazu angehalten, sich fünf Buchstaben, die gemischt vor ihm liegen, zu merken. Dazu benützt man die Vorlage 6/2. Die fünf Buchstaben müssen zuerst ausgeschnitten werden. Man legt die Buchstaben einzeln dem Kind vor, benennt sie und deckt sie dann zu. Das Kind muss die Buchstaben wiederholen.

Optische Serialität

Das Kind wird dazu angehalten, sich fünf Buchstaben, die in einer Reihe vor ihm liegen, zu merken. Dazu benützt man die Vorlage 6/3. Die fünf Buchstaben müssen zuerst ausgeschnitten werden. Man legt die Buchstaben der Reihe nach dem Kind vor, benennt sie und deckt sie dann zu. Das Kind muss die Buchstaben der Reihe nach wiederholen.

Akustische Differenzierung

Das Kind wird dazu angehalten, fünf Reimwörter zu finden. Man spricht dem Kind ein Wort vor und das Kind muss ein Wort finden, das sich darauf reimt.

Haus - (Maus)
Raum - (Schaum)
Stall - (Hall)
Anker - (Tanker)
Grube - (Stube)

Akustisches Gedächtnis

Das Kind wird dazu angehalten, einen Satz aus vier ihm vorgesagten Wörtern zu bilden.

Schlafen - lange - wir - heute
Mutti - Vati - Garten - Rasen
Fell - Maus - grau - Schwanz
Berg - Auto - wandern - fahren
Computer - spielen - Kinderzimmer - Freund

Akustische Serialität

Das Kind wird dazu angehalten, aus Wörtern, die ihm vorgesagt werden, den Anfangs- und Endbuchstaben herauszuhören.

Himmel
Mutter
Essen
Ort
Vati

Raumorientierung

Das Kind wird dazu angehalten, mit einem Bleistift den Weg in einem Labyrinth nachzufahren, dabei darf es nicht über den Rand hinaus fahren. Dazu benützt man die Vorlage 6/4.

Körperschema / Handgeschick

○ Das Kind wird dazu angehalten, einen Meter nach rückwärts zu gehen. Man beobachtet, ob dies auch sehr sicher geschieht.
○ Man wirft dem Kind einen Tennisball zu und beobachtet, ob dieser sicher gefangen wird.
○ Das Kind wird dazu angehalten, Formen genau auszuschneiden. Dazu benützt man die Vorlage 6/5.
○ Das Kind wird dazu angehalten, Buchstaben und Zahlen nachzuschreiben, die man ihm vorgeschrieben hat.
Die Buchstaben sollen eine Größe von mindestens 5 cm haben. Dazu verwendet man einen dickeren Stift.

Kontrollblatt 7 - 7 Jahre

		Ja	Nein
OD	• macht Aussagen über die Zeit	☐	☐
OG	• merkt sich sechs Zahlen, die gemischt liegen (Vorlage 7/1)	☐	☐
OS	• merkt sich sechs Zahlen der Reihe nach (Vorlage 7/2)	☐	☐
AD	• hört aus zehn Wörtern das Wort heraus, welches zweimal vorgekommen ist	☐	☐
AG	• merkt sich einen Vierzeiler	☐	☐
AS	• merkt sich eine fünfteilige Klatschabfolge	☐	☐
RO	• zeichnet geometrische Muster nach (Vorlage 7/3)	☐	☐
HG KS	• hüpft einbeinig über ein kleines Hindernis	☐	☐
	• wirft einen Ball mehr als 80 Zentimeter hoch und fängt ihn sicher	☐	☐
	• trägt einen Baustein sicher am Handrücken	☐	☐
	• beschreibt, wo der Arm aufhört und die Hand anfängt	☐	☐

Vorlage 7/1

0	8
7	4
1	9

Training der Sinneswahrnehmungen im Vorschulalter

Vorlage 7/2

2	6
8	3
5	0

Vorlage 7/3

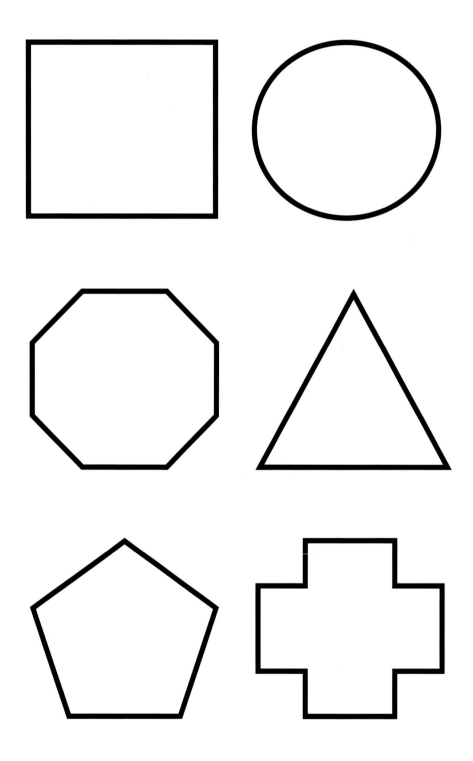

Training der Sinneswahrnehmungen im Vorschulalter

Praktische Anleitung
Kontrollblatt 7

7 Jahre

Optische Differenzierung

Man legt dem Kind eine große Spielzeuguhr oder eine Uhr mit großen Zeigern vor, stellt eine bestimmte Zeit ein und fragt das Kind, wie spät es ist. Man beobachtet, ob das Kind schon Aussagen über die Zeit machen kann.

Optisches Gedächtnis

Das Kind wird dazu angehalten, sich sechs Zahlen, die gemischt vor ihm liegen, zu merken. Dazu benützt man die Vorlage 7/1. Die sechs Zahlen müssen zuerst ausgeschnitten werden. Man legt die Zahlen einzeln dem Kind vor, benennt sie und deckt sie dann zu. Das Kind muss die Zahlen wiederholen.

Optische Serialität

Das Kind wird dazu angehalten, sich sechs Zahlen, die in einer Reihe vor ihm liegen, zu merken. Dazu benützt man die Vorlage 7/2. Die sechs Zahlen müssen zuerst ausgeschnitten werden. Man legt die Zahlen der Reihe nach dem Kind vor, benennt sie und deckt sie dann zu. Das Kind muss die Zahlen der Reihe nach wiederholen.

Akustische Differenzierung

Das Kind wird dazu angehalten, aus zehn Wörtern das Wort herauszuhören, welches zweimal vorgekommen ist. Man spricht dem Kind die Wörter langsam und sehr deutlich, aber nur einmal vor.

Haus - Maus - Laus - Graus - Maus - zerzaust - verlaust - aus - Pause - nach Hause
Morgen - Sorgen - borgen - borgen - guten Morgen - Nase - Vase - Hase - Straße - Gras
Schloss - Fluss - Gruß - Nuss - Fuß - Nuss - Schuss - Kuss - Schluss - muss
Riese - Wiese - Buch - Tuch - Wanne - Kanne - Maus - Laus - Maus - raus
Grund - Fund - Mund - Bund - wund - Mund - rund - gesund - Kunde - Runde

Akustisches Gedächtnis

Das Kind wird dazu angehalten, sich einen Vierzeiler zu merken. Dabei liest man ihm den Vierzeiler einmal langsam und deutlich vor. Dann liest man ihm jede Zeile vor und lässt das Kind die Zeile wiederholen. Dann wird der gesamte Vierzeiler nochmals vorgelesen. Das Kind sollte dann das Gedicht gesamt wiederholen können.

Der Schnee ist weiß,
das Feuer ist heiß,
die Wiese ist grün,
die Blumen blüh´n!

Akustische Serialität

Das Kind wird dazu angehalten, sich eine fünfteilige Klatschabfolge zu merken, die ihm vorgeklatscht wurde, und diese zu wiederholen.

∙∙∙   ∙   ∙
∙∙   ∙∙   ∙
∙   ∙   ∙   ∙   ∙
∙   ∙∙   ∙∙

Raumorientierung

Das Kind wird dazu angehalten, geometrische Muster nachzuzeichnen. Dazu benützt man die Vorlage 7/3. Die Muster werden dem Kind vorgelegt und das Kind zeichnet sie nach.

Körperschema/Handgeschick

- Das Kind wird dazu angehalten, mit einem Bein über ein kleines Hindernis zu hüpfen.
- Das Kind wird dazu angehalten, am Handrücken einen Baustein zu tragen.
- Das Kind wird dazu angehalten, einen Ball mehr als 80 Zentimeter hoch zu werfen und ihn sicher zu fangen.
- Das Kind wird befragt, wo sein Arm aufhört und die Hand anfängt.

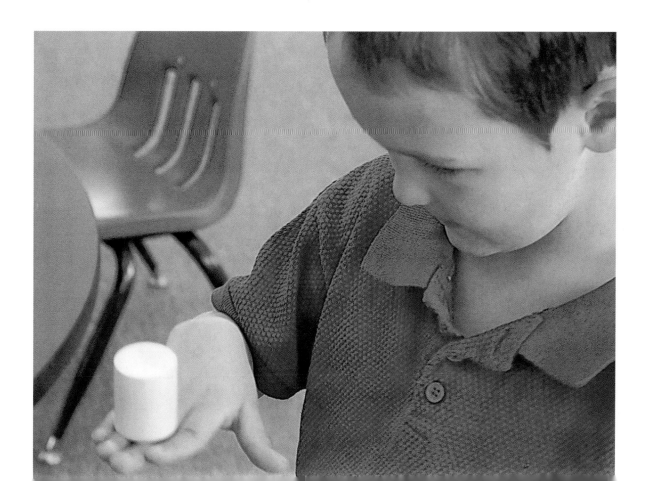

114

Praxisteil

Zur Erleichterung der Arbeit des Kleinkindpädagogen wurde der folgende umfangreiche Praxisteil mit Übungen und Arbeitsblättern entwickelt.

Die Arbeitsblätter sind auch auf der beiliegenden CD-Rom enthalten und können, den Copyrightbestimmungen entsprechend, ausgedruckt oder kopiert werden.

Für alle Bereiche der Sinneswahrnehmungen, die für das Erlernen des Schreibens, Lesens und Rechnens notwendig sind, sind Übungen und Arbeitsblätter vorhanden.
Speziell das optische oder visuelle, auch das akustische oder auditive Gebiet und die Raumwahrnehmung sind die vorrangigen Bereiche, die einwandfrei funktionieren müssen, damit ein problemloses Erlernen des Schreibens, Lesens und Rechnens gewährleistet ist.

Zur leichteren Orientierung sind die Arbeitsblätter und Übungen mit verschiedenen Symbolen versehen, die auf die bestimmten Sinneswahrnehmungsgebiete hinweisen.

Beim Arbeiten sind dem Pädagogen wohl keine Grenzen gesetzt und mit einer kleinen Veränderung der Aufgabenstellung können schon wieder zusätzliche Übungen für die Verbesserung der Sinneswahrnehmungen gefunden werden.

Wichtig ist, dass die Übungen dem Kind vom Pädagogen langsam und genau erklärt werden.

Lernschachtel

Wir alle wissen, wie wichtig es für die Kinder ist, alle Sinne gezielt einzusetzen. Wenn die Kinder in die Volksschule kommen, beginnt für sie ein neuer Lebensabschnitt, welcher sehr wichtig ist. Man sollte den Kindern einen guten Start ermöglichen. Doch leider beginnt für manche Kinder dieser Abschnitt gleich mit Problemen. Die Unsicherheit mit Farben wird plötzlich zum Problem, nach dem Turnen ist das Kind beim Anziehen viel zu langsam, es hat Probleme mit den Knöpfen oder beim Maschenbinden. Rechts und Links kann auch nicht sicher unterschieden werden. Mit dem Schreibzeug wird unsicher oder nicht richtig umgegangen. Diese Probleme müssen aber nicht sein, wenn man früh genug darauf achtet, das Kind zu fördern.

Sie finden hier eine Anleitung bzw. Anregungen, den Inhalt einer sogenannten Lernschachtel herzustellen. Die Herstellung ist mit einem nicht allzu großen Aufwand verbunden und leistet einen wertvollen Beitrag zur Sinnesschulung von Kindern im Vorschulalter. Die unten genannten Materialien werden in eine Schachtel gepackt, diese kann von den Kindern gestaltet werden.

Genaues Sehen, Erkennen und Benennen der Grundfarben

Man braucht sechs stärkere Kartonkarten, welche verschiedene Farben (Blau, Gelb, Weiß, Rot, Braun, Grün) haben, und einen Farbwürfel mit denselben Farben. Mit dem Material lassen sich viele verschiedene Spiele gestalten.

Genaues Hören

Nehmen Sie mehrere kleine Gefäße, die verschließbar sind. Kleine Plastikdöschen oder Filmdosen eigen sich dazu. Die Dosen werden mit verschiedenen Materialien wie Reis, Sand, Schrottkörnern, einer Glocke, u.v.m. gefüllt. Die Dosen geben verschiedene Geräusche ab, damit kann man "Horchspiele" aller Art machen.

Motorik

In eine Kinderschuheinlage werden zwei Löcher gemacht und ein Schuhband durchgezogen. Die Kinder können damit üben, Maschen zu binden.

Nähen Sie auf einen Stofffleck verschiedene Größen von Druckknöpfen. Die Kinder sollen versuchen, alle Druckknöpfe zu schließen.

Machen Sie in einen Stofffleck drei verschieden große Knopflöcher und nähen Sie drei dazupassende Knöpfe an. Die Kinder sollen dazu angehalten werden, mehrmals die Knöpfe zu schließen und wieder zu öffnen.

Körperschema

Sie können dem Kind helfen, sich "rechts" und "links" zu merken. Machen Sie mit dem Kind sogenannte "Pickerltage". Es gibt einen "Rechts-Pickerltag" und einen "Links-Pickerltag". Kleben Sie dem Kind an einem Tag ein Pickerl (Aufkleber) auf die rechte Hand und am nächsten Tag auf die linke Hand oder auch auf einen Fuß. Sprechen Sie das Kind mehrmals pro Tag auf das Pickerl an und fragen Sie das Kind, auf welcher Hand oder welchem Fuß das Pickerl sich befindet.

Riechen

Füllen Sie in mehrere Stoffsäckchen Gewürze, Kräuter und andere Materialien, die man durch Riechen identifizieren kann. Die verschiedenen Gerüche sollen von den Kindern erkannt werden.

Schmecken

Stellen Sie den Kindern verschiedene Esswaren zur Verfügung wie Salz, Zucker, Käse, Wurst, Brot, Schokolade, Bonbons mit verschiedenen geschlossenen Augen kosten. Die Kinder sollen die Esswaren erkennen und benennen.

Tasten

In mehrere Säcke werden verschiedene Materialien wie Steine, Bohnen etc. gefüllt. Das Kind soll diese identifizieren, indem es die Materialien in den Säcken angreift.

In einem Sack werden verschiedene Stoffarten wie Seide, Samt, Leinen etc. versteckt. Das Kind soll einen Stoff nach dem anderen befühlen und die Art erkennen, benennen und dann herausnehmen.

Die Glücksmaus

In der Schachtel befindet sich auch eine "Glücksmaus", die hilft und die Kinder beim Spielen mit den verschiedenen Materialien beobachtet.

Arbeitsanleitung

Alle Anleitungen sind nur als Vorschläge zu verstehen. Natürlich kann man auf der Grundlage der Arbeitsblätter noch viele andere Übungen, welche die verschiedenen Gebiete der Sinneswahrnehmungen verbessern, machen. Es wurde auch auf die Einteilung in Schwierig-keitsgrade verzichtet, weil dies immer nur eine subjektive sein kann. Der Pädagoge erkennt den aktuellen Stand der Sinneswahrnehmungen beim jeweiligen Kind und soll danach die Auswahl treffen. Immer wieder wird es der Fall sein, dass einige Übungen dem Kind schwerer fallen. Das ist aber auch der Grund dafür, dass diese dann eingehend geübt werden müssen. Fällt eine Übung dem Kind leicht, so dient dies auch der Motivation.

Arbeitsblätter Optische/Visuelle Differenzierung OD

OD 1 - 10
Auf den Arbeitsblättern sind zeilenweise Abbildungen, die sich unterscheiden, indem an einem Bild ein Teil fehlt oder hinzugefügt worden ist, auch der Helligkeitsgrad der Bilder kann einen Unterschied bedeuten. Das Kind soll den fehlenden oder hinzugefügten Teil bemerken und benennen. Eine Übung alleine für den optisch/visuellen Bereich ist es, wenn man das Kind nur auf den Teil zeigen oder ihn mit einem Kreis oder Kreuz versehen lässt. Benennt das Kind den Teil, so ist dann auch eine Übung zur akustischen/auditiven Differenzierung enthalten.

OD 11 - 20
Auf den Arbeitsblättern sind sechs Teile von Abbildungen, die insgesamt drei Bilder ergeben. Das Kind soll erkennen, welche zwei Teile zusammengehören. Man legt dem Kind das Blatt vor und hält es dazu an, die beiden Teile, die zusammengehören, mit einem Bleistiftstrich zu verbinden. Benennt das Kind das gesamte Bild, so ist dann auch eine Übung zur akustischen/auditiven Differenzierung enthalten.

OD 21 - 30

Auf den Arbeitsblättern befinden sich ähnliche Abbildungen in einer Reihe. Eine davon ist gleich wie die erste in der Reihe, diese soll das Kind erkennen und entweder darauf zeigen oder die gleiche Abbildung ankreuzen oder einkreisen.

OD 31 - 40

Auf den Arbeitsblättern befinden sich Originalabbildungen und deren Schattenbilder. Das Kind soll erkennen, welche Originalbilder zu welchen Schattenbildern gehören. Die Bilder können mittels eines Bleistiftstriches verbunden werden.

OD 41

Das Arbeitsblatt kann für verschiedene Aufgabenstellungen herangezogen werden. Man kann dem Kind das Blatt vorlegen und fragen, wie viele Jungen die Mutter hat. Man kann das Kind fragen, welche Jungen in die gleiche Richtung schauen wie die Mutter. Man kann das Kind fragen, ob alle Jungen ganz gleich aussehen wie die Mutter.

OD 42 - 43

Auf den Arbeitsblättern sind Obst- und Gemüsesorten abgebildet, wobei im oberen Bild die Sachen einzeln dargestellt sind und im unteren Bild diese auf einen Haufen gelegt wurden. Das Kind soll nun erkennen, welche der Obst- und Gemüsesorten in der jeweiligen anderen Menge enthalten sind. Lässt man das Kind diese benennen, so wird auch die akustische/auditive Differenzierung geübt.

Arbeitsblätter optisches/visuelles Gedächtnis OG

OG 1 - 10

Auf den Arbeitsblättern sind 40 Memorypaare abgebildet. Diese sollen ausgeschnitten werden. Wenn man die Karten plastifiziert, halten sie länger. Mit den Memorykarten kann man mit den Kindern verschiedene Übungen machen. Die Anzahl der Karten, die man dem Kind für das

Memoryspiel vorlegt, soll man aufbauend erhöhen. Erst wenn die geringere Anzahl gekonnt wird, darf man die Anzahl erhöhen. Es hat sich gezeigt, dass man das optische Gedächtnis nur langsam verbessern kann. Man kann die Karten aber auch zur Schulung der optischen/visuellen Serialität benützen, indem man z.B. dem Kind eine Reihe vorlegt, welche es nachlegen soll.

Arbeitsblätter optische/visuelle Serialtität OS

OS 1-10
Auf den Arbeitsblättern sind immer vier Abbildungen in einer Reihe, welche das Kind der Größe nach ordnen soll, die dann eine Reihe ergeben. Die Reihe soll gezeigt werden. Diese Arbeitsblätter sind auch für die Schulung der Größenraumwahrnehmung bestens geeignet. Die Fragestellung könnte dann lauten, welches das kleinste bzw. welches das größte Bild ist.

Arbeitsblätter akustische/auditive Differenzierung AD

AD 1 - 3
Auf den Arbeitsblättern stehen jeweils zwei Bilder nebeneinander, die sich in der Benennung nur geringfügig unterscheiden.

Zahn - Hahn	Hose - Rose
Glocke - Socke	Zange - Schlange
Haus - Maus	Pferd - Herd
Hase - Vase	Schlüssel - Schüssel
Fee - Tee	Stiege - Wiege
Kasse - Tasse	Sessel - Kessel

Das Kind soll die beiden Bilder ansehen und sie benennen, wobei auf die genaue und deutliche Aussprache der Wörter Wert gelegt werden soll. Das Kind soll aufgefordert werden, die unterschiedlichen Buchstaben oder Laute einzeln zu erkennen. Dieses Lautwahrnehmungsspiel dient der

Differenzierung und der Analyse phonematischer Strukturen.

Die Bilder können dem Kind auch ausgeschnitten vorgelegt werden. Man fordert das Kind auf, jeweils ein Bilderpaar zu finden, welches sich reimt. Die akustische Differenzierung kann auch mittels Echorufen (M/n D/t B/p G/k F/w M/w B/w) geübt werden. Akustische Übungen macht man mit dem Kind hauptsächlich mündlich, weshalb auch für diesen Bereich nur einige Arbeitsblätter zur Verfügung stehen.

Arbeitsblätter akustisches/auditives Gedächtnis AG

AG 1 - 10

Die Arbeitsblätter enthalten Abbildungen, die man ausschneiden kann. Die Bilder sind erstens als Gedächtnisstütze für den Pädagogen gedacht. Er spricht dem Kind zwei Wörter vor, das Kind wiederholt die beiden Wörter. Der Schwierigkeitsgrad soll kontinuierlich erhöht werden. Wichtig ist, dass die gesamte Wörteranzahl vorgesprochen und gesamt wiederholt wird. Die Übung kann auch mit Wortfamilien, Zweiwortsätzen, Dreiwortsätzen etc. gemacht werden.

Zweitens werden die Kärtchen dem Kind vom Pädagogen vorgelegt und deutlich benannt, wobei man die Anzahl wieder steigern kann. Die Kärtchen werden weggeräumt und das Kind wiederholt die Gegenstände, die es gesehen hat, wobei die Reihenfolge nicht relevant ist. Diese Übung schult auch das optische Gedächtnis.

Arbeitsblätter akustische/auditive Serialität AS

AS 1 - 10

Die Arbeitsblätter enthalten Abbildungen, die man ausschneiden kann. Die Bilder sind erstens als Gedächtnisstütze für den Pädagogen gedacht. Der Pädagoge spricht dem Kind ein Wort vor, das es wiederholt. Der Pädagoge wiederholt das erste Wort und spricht ein zweites vor. Das Kind wiederholt beide Wörter. Der Pädagoge wiederholt die zwei Wörter und spricht ein drittes vor. Das Kind wiederholt alle drei Wörter etc.

Zweitens kann man die Kärtchen auflegen und eine Anzahl, die auch gesteigert werden kann, herausnehmen. In einer bestimmten Reihenfolge legt der Pädagoge die Kärtchen auf, indem er die Gegenstände auf diesen deutlich benennt, und räumt sie dann wieder weg. Das Kind soll der Reihe nach die Gegenstände wiederholen, die es gesehen hat.

Die Kärtchen können auch dafür verwendet werden, dass man je nach Anfangs- oder Endbuchstaben, den das Kind beim deutlichen Aussprechen des Wortes hören soll, diese ordnen lässt.

Arbeitsblätter Raumorientierung RO

RO 1 - 10
Auf den Arbeitsblättern befinden sich Reihen mit gleichen Abbildungen, wobei eine Abbildung sich in einer anderen Lage befindet. Das Kind soll nun herausfinden, welche Abbildung andersherum gezeichnet ist, und diese mit einem Kreuz versehen oder einkreisen.

RO 11 - 20
Auf den Arbeitsblättern befinden sich halbe geometrische Figuren. Das Kind soll dazu angehalten werden, spiegelgleich die Figuren zu ergänzen, wobei man auf Genauigkeit Wert legen soll.

RO 21 - 30
Auf den Arbeitsblättern befinden sich in einem Kästchen zwei Abbildungen. Das Kind soll den Gegenstand kennzeichnen, der in Wirklichkeit größer ist, oder das Kind soll den Gegenstand kennzeichnen, der in Wirklichkeit kleiner ist.

Arbeitsblätter Körperschema KS

KS 1 - 3
Auf den Arbeitsblättern befinden sich ein Kopf, ein rechter Fuß und eine

unteren Teil der Blätter. Das Kind soll die Gegenstände den verschiedenen Körperteilen zuordnen. Erschweren kann man die Übung, indem man auch die rechten und linken Teile der Fuß- und Handbekleidung exakt zuordnen lässt (z.B. der rechte Stiefel passt auf den rechten Fuß).

KS 4 - 6

Auf den Arbeitsblättern befinden sich Bekleidungsgegenstände und in der Mitte eine menschliche Figur. Das Kind soll mittels Strich bezeichnen, welcher Körperteil von dem jeweiligen Kleidungsstück bedeckt wird.

KS 7 - 9

Auf den Arbeitsblättern befinden sich in der Mitte des Blattes ein Kopf und ein Unterteil eines Körpers. Rundherum sind Gegenstände angeordnet, die man entweder auf den Kopf setzt oder mit denen man die Füße bekleidet. Das Kind soll nun die Gegenstände nach den Richtungsbezeichnungen "oben" und "unten" zuordnen.

KS 10

Das Arbeitsblatt verwendet man, um mit dem Kind die Körperteile zu trainieren, z.B. zeig mir die rechte Hand, zeig mir die Nase, zeig mir die linke Augenbraue.

Man kann das Kind auch dazu anhalten, die Figur mittels Zeichnen zu bekleiden. Diese Übung kann man erschweren, indem man dem Kind abverlangt, dies in der richtigen Reihenfolge zu machen.

Man kann auch die Figur ausschneiden, durcheinander mischen und das Kind diese wieder richtig zusammensetzen lassen.

Buchstaben und Zahlen

Im Buch "Legasthenie - Training nach der AFS-Methode" finden Sie zahlreiche Übungen dazu, die man auch mit Vorschulkindern machen kann.

Funktionstraining

Optik

Optische Differenzierung   OD

Übungen OD

Luftzeichnen

- Der Pädagoge zeichnet in die Luft einen den Kindern bekannten Gegenstand. Die Kinder müssen gemeinsam erraten, um welchen Gegenstand es sich handelt.

- Der Pädagoge zeichnet einen Gegenstand in die Luft. Er bestimmt nun ein Kind, welches den Gegenstand benennen muss.

- Der Pädagoge bestimmt ein Kind, welches einen Gegenstand in die Luft zeichnen muss. Das Kind darf dann ein anderes Kind bestimmen, welches den Gegenstand benennen soll.

Suchspiel

- Der Pädagoge beschreibt einen Gegenstand im Raum, den die Kinder benennen müssen.

- Der Pädagoge beschreibt einen Gegenstand im Raum und bestimmt ein Kind, um diesen zu benennen.

- Ein Kind beschreibt einen Gegenstand im Raum und bestimmt ein Kind, welches diesen benennen soll.

Sortierspiel

- Der Pädagoge stellt den Kindern eine Menge von verschiedenen Materialien zur Verfügung. Jede Art von Konstruktionsmaterial eignet sich dazu. Den Kindern wird die Aufgabe gestellt, verschiedene Arten von Materialien auszusortieren, nachdem diese vorher beschrieben worden sind. Beispiel: Wir suchen ein langes dünnes blaues Holzstück.

- Der Pädagoge bestimmt ein Kind, welches ein bestimmtes Teil aus dem ganzen Material heraussuchen muss.

Übungen OD

- Der Reihe nach dürfen die Kinder einen Gegenstand beschreiben und jemanden bestimmen, der ihn heraussuchen soll.

Ungleichspiel

- Der Pädagoge stellt den Kindern Bilder zur Verfügung, welche zwar das gleiche Motiv zeigen, wobei eines der Bilder aber in drei bis fünf Bereichen verändert worden ist. Bilder kann man erzeugen, indem man das Original kopiert, verändert und nochmals kopiert.

„Das passt nicht dazu"

- Der Pädagoge zeigt verschiedene Bilder. Ein Bild passt nicht zu den gezeigten Bildern dazu. Die Kinder müssen herausfinden, welches das ist. Beispiel: verschiedene Tierbilder und ein Blumenbild.

- Der Pädagoge bestimmt vor dem Zeigen der Bilder ein Kind, welches das Bild, welches nicht dazupasst, bestimmen soll.

- Wenn das Kind das Bild gefunden hat, welches nicht zu den gezeigten dazupasst, darf es ein weiteres Kind bestimmen, welches das nächste benennen darf.

- Das gleiche Spiel wird mit geometrischen Figuren gespielt.

- Das gleiche Spiel wird mit Sandpapierbuchstaben gespielt.

- Das gleiche Spiel wird mit Zahlen aus Sandpapier gespielt.

Übungen OD

Kleiderspiel

- Am Boden liegen verschiedene Kleidungsstücke aufeinander. Ein Kind wird bestimmt, welches das erste Kleidungsstück benennt. Dieses wird entfernt. Danach bestimmt das Kind ein anderes Kind, welches das nächste Kleidungsstück benennen soll.

„Zwei sind gleich"

- Das Spiel wird mit einem Kind gespielt. Dazu kann man Karten eines Memoryspiels verwenden. Die Karten werden durcheinander mit den Abbildungen nach oben auf den Tisch gelegt. Das Kind sucht nun alle Paare zusammen.

- Das Spiel kann auch mit einem Dominospiel gespielt werden. Das Kind soll immer jeweils die passenden Teile zusammenlegen. Dies kann auch mit einem Buchstaben- oder Zahlendomino gemacht werden, ebenso mit verschiedenen Farben oder Formen.

Farbenspiel

- Man sucht im Raum Gegenstände, die eine bestimmte Farbe haben. Was ist alles blau, gelb, rot, grün, schwarz, weiß, lila, orange, rosarot, braun?

Malstifte sortieren

- Eine große Anzahl von Malstiften wird platziert. Jedes Kind bekommt eine bestimmte Farbe zugeteilt, die es heraussuchen soll.

Arbeitsblatt OD 1

Arbeitsblatt OD 2

Optische Differenzierung · Wahrnehmungstraining © 2017 DRC

Arbeitsblatt OD 3

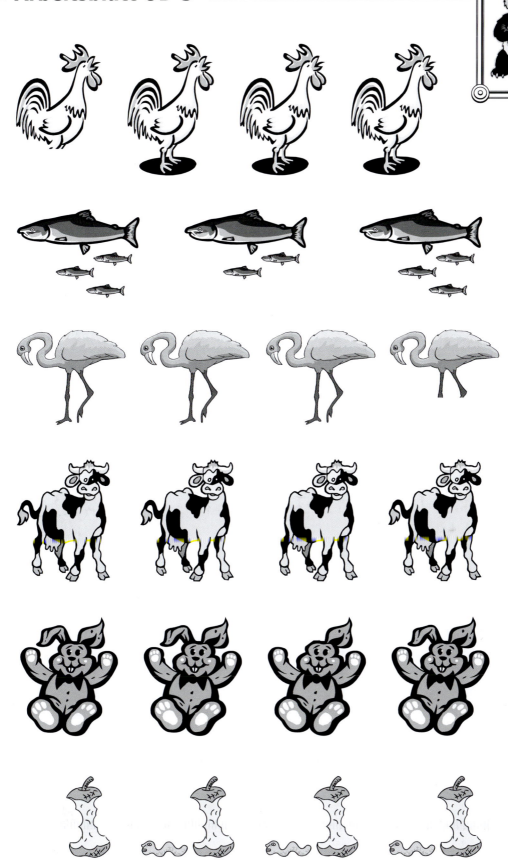

Arbeitsblatt OD 4

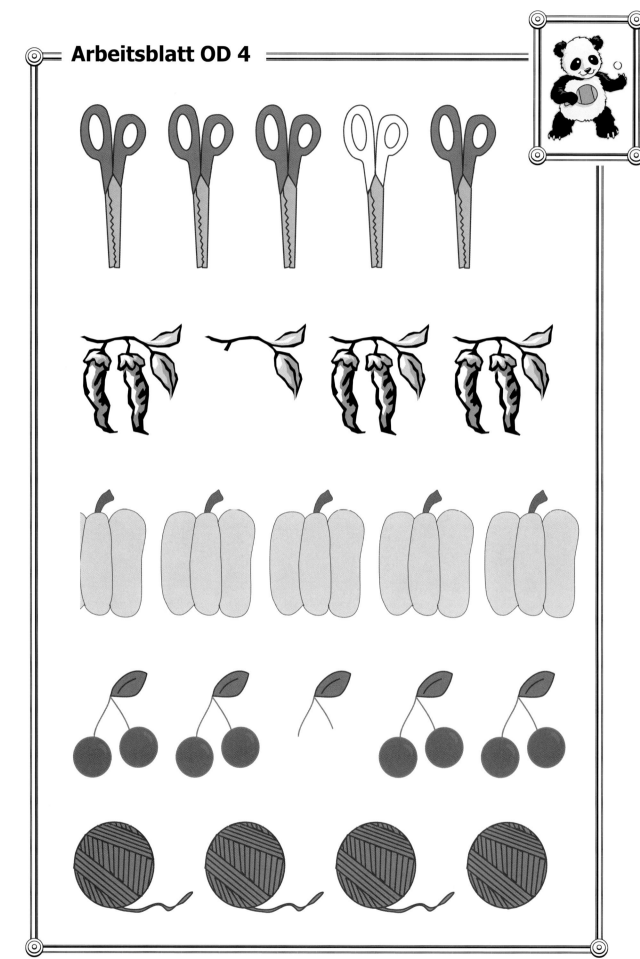

Optische Differenzierung

Arbeitsblatt OD 5

Arbeitsblatt OD 6

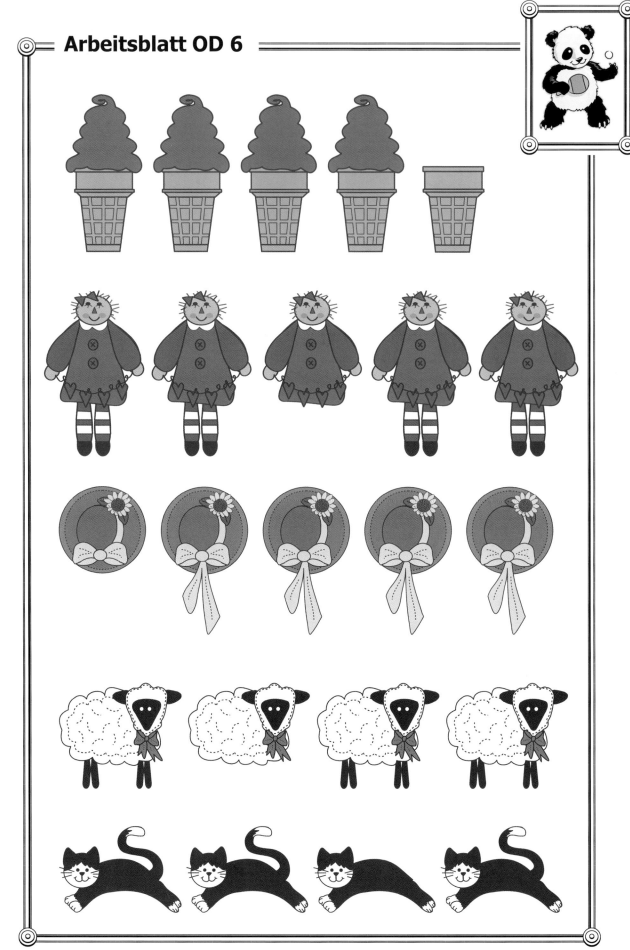

Optische Differenzierung   Wahrnehmungstraining © 2017 DRC

Arbeitsblatt OD 7

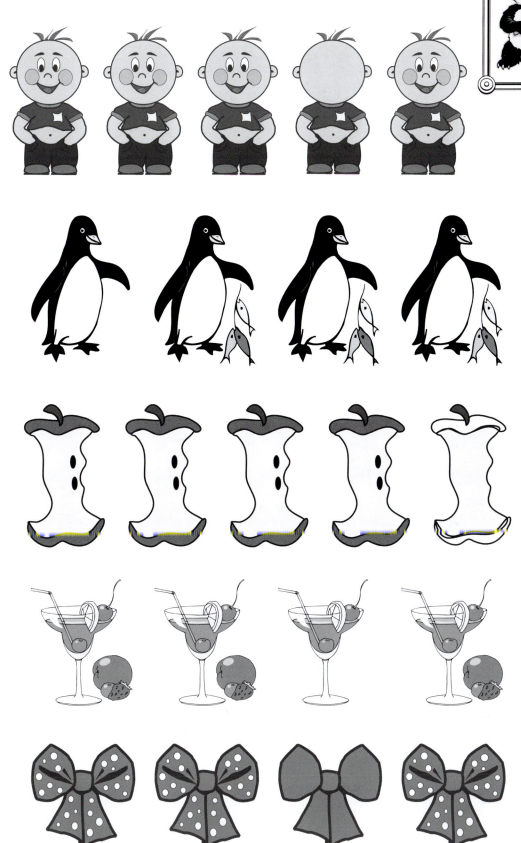

Arbeitsblatt OD 8

Optische Differenzierung

Arbeitsblatt OD 9

Arbeitsblatt OD 10

Optische Differenzierung · Wahrnehmungstraining © 2017 DRC

Arbeitsblatt OD 11

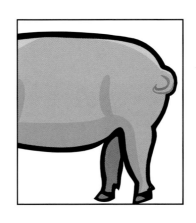

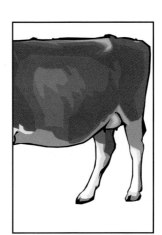

Arbeitsblatt OD 12

Optische Differenzierung Wahrnehmungstraining © 2017 DRC

Arbeitsblatt OD 13

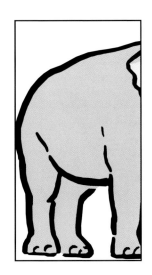

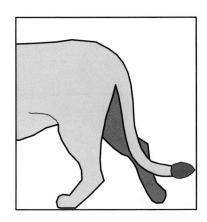

Arbeitsblatt OD 14

Optische Differenzierung

Arbeitsblatt OD 15

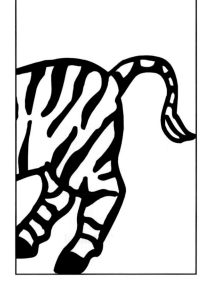

Arbeitsblatt OD 16

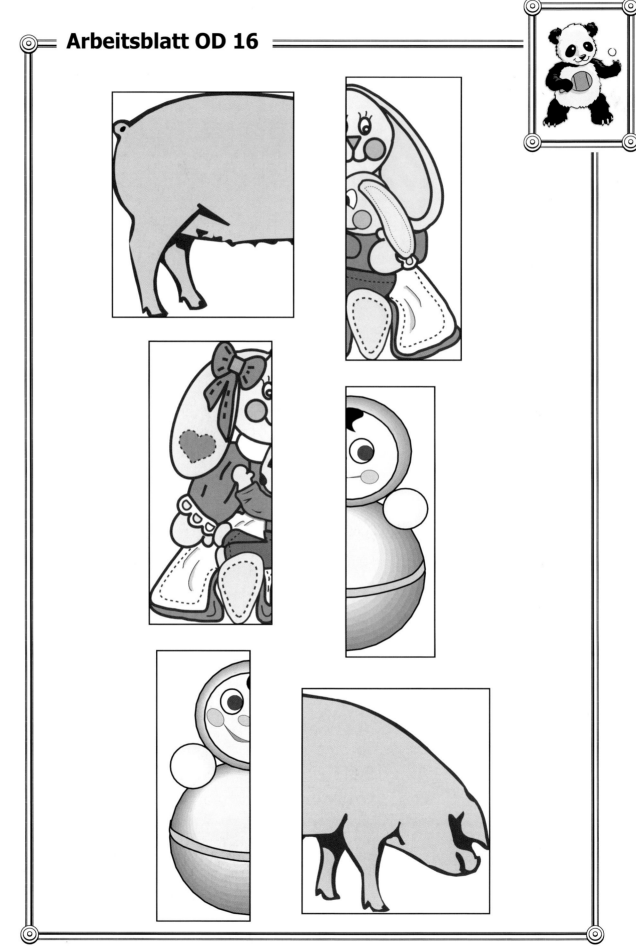

Optische Differenzierung

Arbeitsblatt OD 17

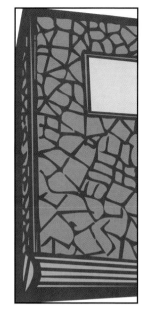

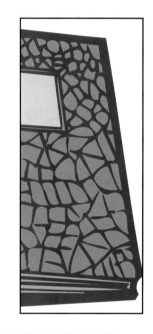

Arbeitsblatt OD 18

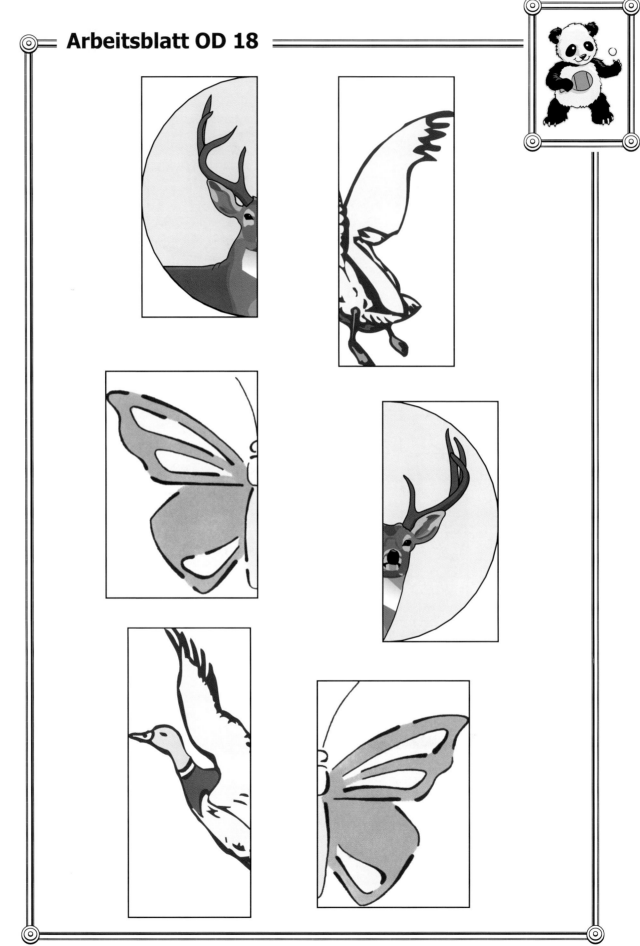

Optische Differenzierung

Arbeitsblatt OD 19

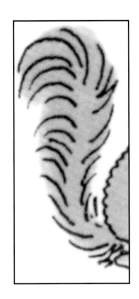

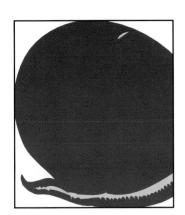

Arbeitsblatt OD 20

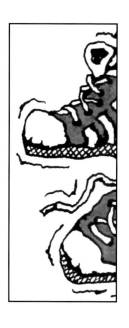

Optische Differenzierung **Wahrnehmungstraining © 2017 DRC**

Arbeitsblatt OD 21

Arbeitsblatt OD 22

Optische Differenzierung

Arbeitsblatt OD 23

Arbeitsblatt OD 24

Optische Differenzierung Wahrnehmungstraining © 2017 DRC

Arbeitsblatt OD 25

Arbeitsblatt OD 26

 |

 |

 |

 |

Optische Differenzierung Wahrnehmungstraining © 2017 DRC

Arbeitsblatt OD 27

 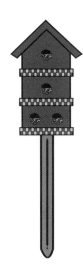  

Arbeitsblatt OD 28

Optische Differenzierung   Wahrnehmungstraining © 2017 DRC

Arbeitsblatt OD 29

Arbeitsblatt OD 30

Optische Differenzierung

Arbeitsblatt OD 31

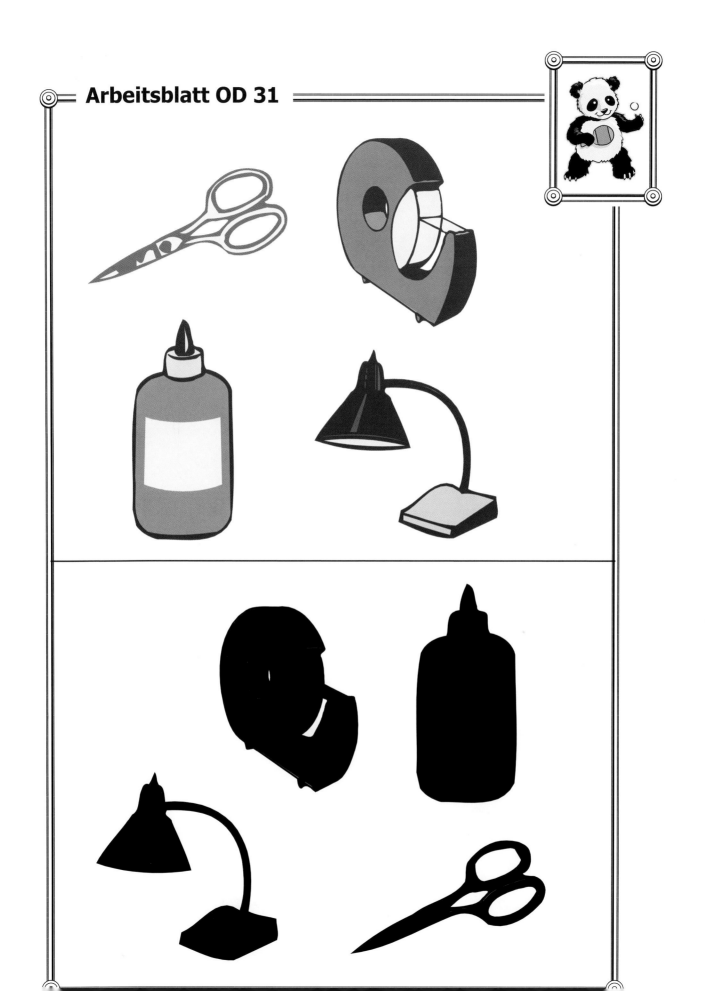

Arbeitsblatt OD 32

Optische Differenzierung

Arbeitsblatt OD 33

Arbeitsblatt OD 34

Optische Differenzierung

Arbeitsblatt OD 35

Optische Differenzierung   Wahrnehmungstraining © 2017 DRC

Arbeitsblatt OD 36

Optische Differenzierung · Wahrnehmungstraining © 2017 DRC

Arbeitsblatt OD 37

Optische Differenzierung Wahrnehmungstraining © 2017 DRC

Arbeitsblatt OD 38

Optische Differenzierung

Arbeitsblatt OD 39

Optische Differenzierung

Arbeitsblatt OD 40

Optische Differenzierung   Wahrnehmungstraining © 2017 DRC

Arbeitsblatt OD 41

Optische Differenzierung　　　　　　　　　　Wahrnehmungstraining © 2017 DRC

Arbeitsblatt OD 42

Optische Differenzierung Wahrnehmungstraining © 2017 DRC

Arbeitsblatt OD 43

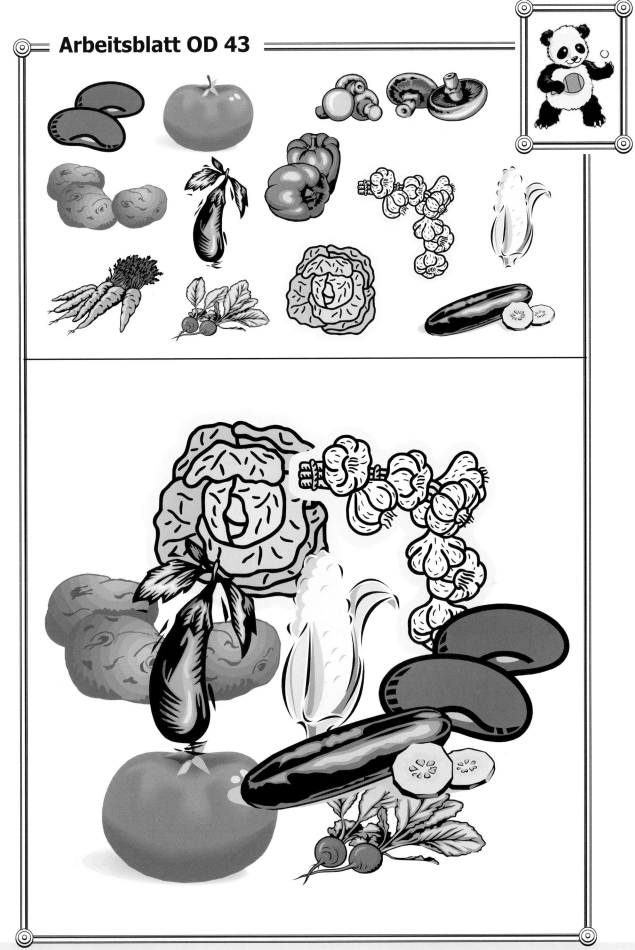

Optische Differenzierung

Funktionstraining

Optik

Optisches Gedächtnis — OG

Übungen OG

Merkspiel

- Der Pädagoge zeigt den Kindern drei bis acht Bilder, die er dann auf einen Tisch legt, wo schon mehrere Bilder liegen. Er bestimmt ein Kind, welches die vorher gezeigten Bilder aus der Menge heraussuchen soll.

- Das gleiche Spiel kann mit drei bis acht geometrischen Figuren gespielt werden.

- Das gleiche Spiel kann mit Buchstaben oder Zahlen gespielt werden.

Zaubertafel

- Auf eine Tafel zeichnet der Pädagoge drei bis acht verschiedene Figuren, zeigt sie den Kindern ausgiebig und entfernt sie wieder. Ein Kind soll die Figuren nachzeichnen.

- Das Kind zeichnet Figuren auf eine Tafel, zeigt sie den Kindern und entfernt sie wieder. Ein Kind wird bestimmt, welches die Figuren nachzeichnen soll.

Farbenspiel

- Der Pädagoge beschreibt drei bis acht Dinge im Raum, welche die gleiche Farbe haben, und eines, das eine andere Farbe hat, und zeigt deutlich auf dieses. Die Kinder sollen die Gegenstände nochmals wiederholend beschreiben und sagen, was ihnen dabei aufgefallen ist. Es kann auch nur ein Kind bestimmt werden.

- Das gleiche Spiel kann man auch mit verschiedenen Materialien wie Metall, Holz usw. machen.

- Das gleiche Spiel kann man auch mit verschiedenen Formen oder Größen machen.

Übungen OG

Paare finden

- Der Pädagoge nimmt drei bis acht Kartenpaare (z.B. Memorypaare) und legt sie den Kindern vor. Dann werden die acht Paare unter viele andere Karten gemischt, die alle aufgedeckt werden. Es wird ein Kind bestimmt, welches ein Paar finden soll, dieses bestimmt dann das nächste Kind usw.

- Das Spiel kann auch mit Buchstaben oder Zahlen gespielt werden.

- Das Spiel kann auch mit verschiedenen dreidimensionalen Gegenständen (z.B. Legosteinen) gespielt werden.

Versteckte Spielsachen

- Der Pädagoge hat einen Sack, der mit vielen kleinen Dingen gefüllt ist. Aus diesem nimmt er drei bis acht Gegenstände nacheinander heraus. Jeder Gegenstand wird von einem anderen Kind beschrieben und schließlich auch benannt. Danach wird der Gegenstand wieder in den Sack gesteckt. Nachdem alle Gegenstände von den Kindern gesehen worden sind, wird ein Kind bestimmt, welches die Gegenstände nochmals nennt. Dies muss nicht nach der Reihe geschehen, in welcher sie herausgenommen worden sind.

- Das Spiel kann auch mit Buchstaben oder Zahlen gespielt werden.

Kasperlespiel

- Der Kasperle zeigt den Kindern Dinge, die er vor dem Zauberer verstecken muss. Er sagt auch den Kindern, wo er sie verstecken wird. Unglücklicherweise hat der Kasperle später vergessen, welche Dinge er wo versteckt hat. Er bittet die Kinder um Hilfe beim Suchen.

Übungen OG

Das ABC-Spiel

- Spielerisch werden die Kinder immer wieder auf Buchstaben aufmerksam gemacht, indem man den Kindern Buchstaben zeigt. Dies kann bei einem Spaziergang durch die Stadt, bei einer Autofahrt, am Computer, beim Fernsehen etc. geschehen.
Beginnen sollte man mit Buchstaben, die leicht zu merken sind, wie das M oder O, oder mit Buchstaben, die im Namen des Kindes vorkommen.

Buchstaben zum Angreifen

- Das Spiel kann auch mit Materialien aller Art gespielt werden, indem man Buchstaben oder auch Zahlen herstellt.
Unzählige Materialien wie Knetmasse, Holz, Moosgummi, Sprühsahne, Keksteig, Salzteig, Pfeifenputzer etc. stehen zur Verfügung. Wichtig ist, dass die Buchstaben klar zu erkennen sind. Dabei kann man dem Kind ruhig behilflich sein, diese herzustellen.

Arbeitsblatt OG 1

Arbeitsblatt OG 2

Optisches Gedächtnis   **Wahrnehmungstraining © 2017 DRC**

Arbeitsblatt OG 3

Optisches Gedächtnis — Wahrnehmungstraining © 2017 DRC

Arbeitsblatt OG 4

Optisches Gedächtnis — Wahrnehmungstraining © 2017 DRC

Arbeitsblatt OG 5

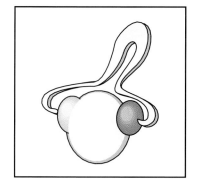 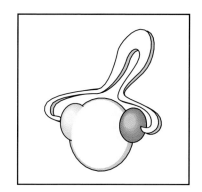

Optisches Gedächtnis   Wahrnehmungstraining © 2017 DRC

Arbeitsblatt OG 6

Arbeitsblatt OG 7

Arbeitsblatt OG 8

Optisches Gedächtnis Wahrnehmungstraining © 2017 DRC

Arbeitsblatt OG 9

Optisches Gedächtnis

Arbeitsblatt OG 10

Optisches Gedächtnis

Funktionstraining

Optik

Optische Serialität **OS**

Übungen OS

Wir verreisen

- Der Pädagoge packt (drei bis acht) verschiedene Gegenstände in eine Tasche. Zuvor sagt er den Kindern, dass sie sehr genau beobachten sollen, welcher Gegenstand zuerst in der Tasche verschwindet und welcher als nächster an die Reihe kommt. Wenn die Tasche fertig gepackt ist, wird sie wieder entleert. Ein Kind wird bestimmt, welches die Tasche nochmals in der gleichen Reihenfolge packen soll. Die anderen Kinder müssen beobachten, ob dies auch in der richtigen Reihenfolge geschieht.

Bildgeschichten

- Verschiedene Bildgeschichten aus Büchern werden kopiert oder man verwendet ein im Handel erhältliches Spiel. Die losen Bilder einer Geschichte werden den Kindern durcheinander präsentiert. Zuerst dürfen die Kinder in der Gruppe die Bildgeschichte so ordnen, dass eine sinnvolle Geschichte dazu erzählt werden kann. Dann soll ein Kind bestimmt werden, welches die Geschichte zusammenstellt. Danach wird die Geschichte, welche auf den Bildern dargestellt ist, erzählt.

Was kommt zuerst?

- Der Pädagoge nimmt verschiedene Gegenstände - das können Gegenstände sein, die zu einer bestimmten Handlung gehören oder die man in einem Überbegriff zusammenfassen kann, z.B. Malutensilien, Bausteine, Obstsorten usw. - und legt die Gegenstände in einer bestimmten Reihenfolge auf. Man beginnt mit einer Anzahl von drei Gegenständen, wobei die Anzahl beliebig gesteigert werden kann. Anschließend werden die Gegenstände wieder auf einen Haufen gelegt. Nun dürfen die Kinder die Gegenstände wieder in die gleiche Reihenfolge bringen.

Übungen OS

- Der Pädagoge bestimmt ein Kind, welches die Gegenstände wieder in der richtigen Reihenfolge auflegt. Die anderen Kinder haben die Aufgabe, das zu kontrollieren.

- Das Spiel kann auch mit geometrischen Figuren gespielt werden.

- Das Spiel kann auch mit Buchstaben oder mit Zahlen gespielt werden, wobei sowohl bei Buchstaben als auch bei Zahlen diese nicht benannt werden müssen, aber können.

Eins, zwei, drei… und mehr

- Der Pädagoge zeigt der Reihe nach auf verschiedene Gegenstände im Raum und benennt sie. Die Kinder müssen sich merken, welcher Gegenstand als erster, als zweiter usw. genannt wurde. Die Anzahl der Gegenstände kann beliebig gesteigert werden.

- Der Pädagoge bestimmt ein Kind, welches die Gegenstände in der gleichen Reihenfolge benennen muss, die anderen Kinder müssen das kontrollieren.

- Besonders lustig ist das Spiel, wenn man es im Freien spielt.

Formen im Sand

- Mit verschiedenen Sandformen wird eine Reihe von Sandkuchen gebacken. Die Sandkuchen bleiben stehen, während die Kinder die gleiche Reihe machen, wie sie vom Pädagogen vorgezeigt worden ist.

- Das Spiel kann auch abgeändert und damit erschwert werden, indem der Pädagoge die von ihm vorgezeigten Sandkuchen wegwischt.

Übungen OS

Scheinzeichnen

- Der Pädagoge zeichnet mit dem Zeigefinger des Kindes mehrere verschiedene Figuren auf eine Unterlage. Das Kind soll der Reihenfolge nach die Figuren nachzeichnen. Die Anzahl der Figuren wird beliebig gesteigert.
  Man kann das Kind die Figuren auch auf einem Blatt Papier nachzeichnen lassen.

Perlen auffädeln

- Perlen mit Löchern in vielen verschiedenen Farben und eine Schnur werden dem Kind zur Verfügung gestellt. Das Kind soll nun nach einem Muster die gleiche Kette nachmachen.
  Die gleiche Aufgabe kann man auch mit anderem Material, beispielsweise mit Moosgummi, spielen.

Arbeitsblatt OS 1

Optische Serialität Wahrnehmungstraining © 2017 DRC

Arbeitsblatt OS 2

Optische Serialität — Wahrnehmungstraining © 2017 DRC

Arbeitsblatt OS 3

Optische Serialität

Arbeitsblatt OS 4

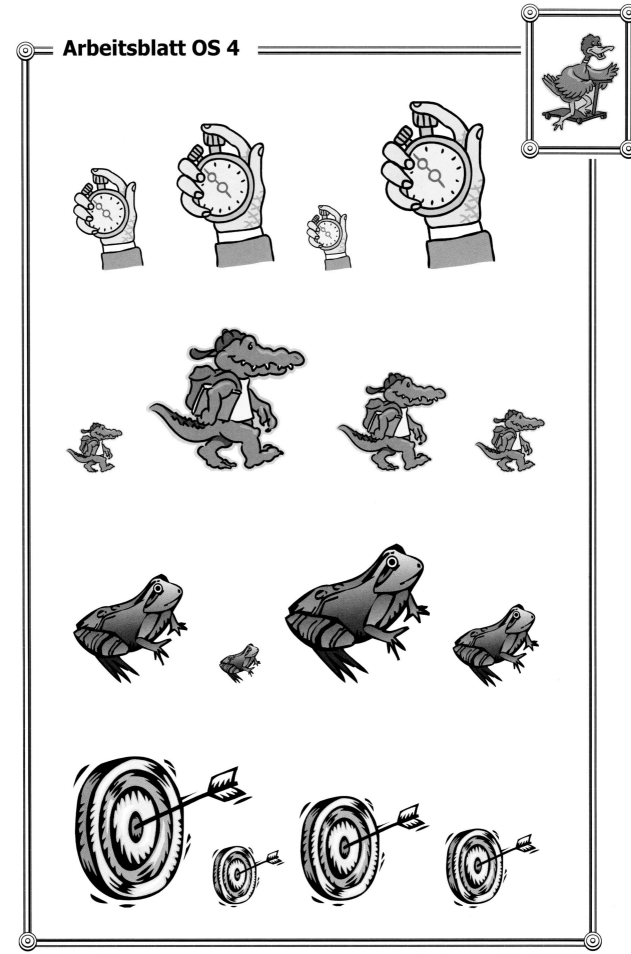

Optische Serialität

Arbeitsblatt OS 5

Optische Serialität

Arbeitsblatt OS 6

Optische Serialität

Arbeitsblatt OS 7

Optische Serialität

Arbeitsblatt OS 8

Optische Serialität

Arbeitsblatt OS 9

Optische Serialität   Wahrnehmungstraining © 2017 DRC

Arbeitsblatt OS 10

Optische Serialität

Funktionstraining

Akustik

Akustische Differenzierung AD

Übungen AD

Reime

- Der Pädagoge nennt Wörter und die Kinder müssen ein Wort finden, welches sich auf dieses reimt.

- Der Pädagoge bestimmt ein Kind, welches ein Wort sagt, und bestimmt ein weiteres Kind, welches das Reimwort finden soll.

Gleich oder ungleich?

- Der Pädagoge spricht den Kindern zwei Wörter vor, die entweder gleich oder ungleich sind, wie Baum - Baum, Saum - Baum. Die Kinder sollen als Antwort geben, wenn beide Wörter die gleichen waren, „gleich", wenn die beiden Wörter unterschiedlich waren, „ungleich". Bei diesem Spiel können auch sogenannte Unsinnwörter verwendet werden.

- Der Pädagoge bestimmt ein Kind, welches erkennen soll, ob die Wörter „gleich" oder „ungleich" waren.

Buchstaben horchen

- Der Pädagoge spricht den Kindern einige Wörter vor. Zuvor wurde ein bestimmter Buchstabe ausgemacht, welcher herauszuhören ist. Es hat sich bewährt, dass der Pädagoge sich vorher Listen von Wörtern anfertigt.

- Man kann nun den Anfangsbuchstaben abfragen, auch den Buchstaben am Ende des Wortes oder ob der gefragte Buchstabe überhaupt vorgekommen ist.

- Der Pädagoge bestimmt ein einzelnes Kind, welches den gefragten Buchstaben heraushören soll.

- Ein Kind darf einige Wörter nach seiner Wahl nennen und Buchstaben abfragen.

Übungen AD

Zurufspiel

- Ein Kind steht in der Mitte des Raumes, die Augen wurden ihm verbunden. Nun werden vom Pädagogen Kinder bestimmt, die aus verschiedenen Richtungen den Namen des Kindes rufen sollen. Das Kind soll in die Richtung zeigen, aus welcher der Zuruf kam.

- Das Spiel kann abgewandelt werden, indem verschiedene Möglichkeiten des Artikulierens passieren, z.B. das Wort wird geflüstert.

- Das Spiel kann noch erschwert werden, indem das Kind den Sprecher erkennen muss.

- Das Spiel kann nochmals erschwert werden, indem der Sprecher seine Stimme verstellt.

Worte hören

- Der Pädagoge sagt dem Kind oder mehreren Kindern eine Reihe von Wörtern vor, die auch sehr ähnlich klingen können. Ein Wort kommt zweimal vor. Dieses soll genannt werden.

- Ein Wort wird ausgewählt. Der Pädagoge spricht einen Text vor. Immer wenn das Kind dieses Wort hört, soll es ein Zeichen geben. Die Anzahl der vereinbarten Worte kann und soll gesteigert werden.

Geräusche erkennen

- Das Kind hört eine Reihe von Geräuschen und soll diese identifizieren. Die Geräusche können z.B. von einem Tonband gehört oder mit Musikinstrumenten erzeugt werden.

Übungen AD

Geräusche verfälschen

- Man schneidet einer Plastikflasche den Boden weg. In den Hals der Plastikflasche imitiert man Geräusche, wie Tierstimmen, Autogeräusch, Glocke etc., die das Kind erkennen soll.

- In die Flasche kann man auch sehr langsam oder schnell Buchstaben, Zahlen oder Wörter sagen, die erkannt werden sollen. Diese kann man auch sehr laut sagen oder flüstern.

- Man kann die Kinder auch dazu auffordern, die Geräusche ohne Flasche nachzumachen.

Ohrgeflüster

- Man flüstert dem Kind Buchstaben, Zahlen oder Wörter ins Ohr, das Kind wiederholt diese.

Schnellsprechsätze

- Kurze Sätze mit zwei bis vier Wörtern werden sehr schnell und nicht unbedingt deutlich vorgesprochen. Das Kind soll versuchen, die Sätze zu wiederholen.

Laut-Leise-Spiel

- Der Pädagoge sagt ein Wort sehr laut, das Kind wiederholt das Wort sehr leise. Das Kind sagt ein Wort sehr leise, der Pädagoge wiederholt das Wort sehr laut. Dann wird gewechselt.

Hoch-Tief-Spiel

- Der Pädagoge spielt mit einer Flöte verschiedene Töne vor und das Kind soll heraushören, ob es ein tiefer oder hoher Ton war.

Übungen AD

Erster und letzter Buchstabe

- Der Pädagoge nennt ein Wort, das Kind soll hören, mit welchem Buchstaben das Wort geendet hat, und ein Wort nennen, das mit diesem Buchstaben beginnt. Dann sagt ein Mitspieler das nächste Wort und so fort. Beispiel: Hase - Engel - Lampe - Eisen - Natur...

- Man kann die Wortwahl auch einschränken, z.B. auf Tiere oder Namen etc.

Stimmen erkennen

- Dazu ist eine Gruppe notwendig. Einem Kind werden die Augen verbunden. Dann sagt immer ein anderes Kind ein Wort, dabei kann es seine Stimme auch verstellen. Sobald das Kind mit den verbundenen Augen die Stimme eines anderen Kindes erkennt, werden diesem die Augen verbunden.

Geräusche erkennen

- Der Pädagoge erzeugt mit Hilfsmitteln verschiedene Geräusche, welche die Kinder erkennen sollen.
  Beispiele: Zwei Holzbausteine zusammenklopfen, Türe oder Fenster öffnen, Wasser schütten, mit Kreide auf den Fußboden malen, mit einem Löffel auf einen Topf klopfen, mit Silberpapier rascheln etc.
  Man kann dafür auch verschiedene Instrumente verwenden.

Richtig oder falsch?

- Der Pädagoge spricht einen Satz vor, das Kind soll erkennen, ob das Gesagte auch realistisch ist.
  Beispiele: Der Ball ist rund. Mit der Schere zeichnet man. Die Scheibe ist aus Papier. Das Wasser ist nass. Wir leben am Mond.

Übungen AD

Welches Wort passt nicht dazu?

- Der Pädagoge nennt einige Wörter einer Begriffskategorie, ein Wort passt nicht dazu. Ein Kind wird bestimmt, welches dieses Wort finden soll.

Beispiele:

Bleistift, Füllfeder, Spitzer, Radiergummi, Apfel.

Bett, Stuhl, Teppich, Radiergummi, Kleiderkasten, Lampe.

Spatz, Amsel, Ente, Wolf, Taube, Gans, Perlhuhn, Hahn.

Karotte, Kohl, Apfel, Kraut, Kohlrüben, Sellerie, Radieschen.

Hose, Leibchen, Unterhose, Strümpfe, Ohrringe, Pullover.

Silberring, Armreifen, Haarspange, Goldkette, Ohrschmuck.

Armbanduhr, Armreifen, Wanduhr, Kuckucksuhr, Taschenuhr.

Birne, Zwetschken, Haselnuss, Trauben, Apfel, Melone.

Hamster, Kaninchen, Maus, Goldfisch, Ratte, Meerschwein.

Dach, Hammer, Fenster, Haustüre, Hauswand, Kellerfenster.

Hammer, Kleister, Schraubenzieher, Meisel, Zange, Eisenfeile.

Schrauben, Nägel, Klemmen, Nieten, Hacke, Wandhaken.

Zahnpaste, Zahnbürste, Haarbürste, Kamm, Nachthemd.

Filzstift, Hammer, Bleistift, Farbstift, Füllfeder, Kugelschreiber.

Kleister, Tapeten, Leiter, Kübel, Pinsel, Wandfarbe, Autoreifen.

Akustische Differenzierung

Übungen AD

Gegensätze

- Das Kind soll dazu angehalten werden, den Gegensatz zu dem vom Pädagogen vorgesagten Wort zu finden. Danach kann man auch mit den beiden Wörtern Sätze bilden lassen. Die Paare können auch umgekehrt verwendet werden.

Beispiele:

süß - sauer
groß - klein
lang - kurz
heiß - kalt
leicht - schwer
dünn - dick
glatt - rau
hell - dunkel
nah - fern
schlau - dumm
breit - schmal
nass - trocken
hungrig - satt
laut - leise
rund - eckig
schön - hässlich
gut - schlecht
viel - wenig
schnell - langsam
nie - immer
selten - oft

Arbeitsblatt AD 1

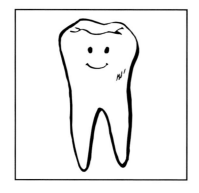

Akustische Differenzierung **Wahrnehmungstraining © 2017 DRC**

Arbeitsblatt AD 2

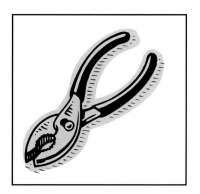 

Akustische Differenzierung   Wahrnehmungstraining © 2017 DRC

Arbeitsblatt AD 3

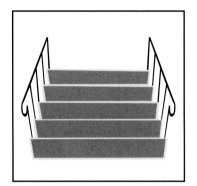 

Akustische Differenzierung **Wahrnehmungstraining © 2017 DRC**

Funktionstraining

Akustik

Akustisches Gedächtnis   **AG**

Übungen AG

Vierzeiler

- Das Auswendiglernen von einfachen vierzeiligen Gedichten ist ein besonders gutes Training des akustischen Gedächtnisses.

Wörterhaufen

- Der Pädagoge nennt einen Begriff, der von den Kindern wiederholt wird. Der Pädagoge wiederholt den ersten Begriff und nennt einen nächsten, beide Begriffe werden von den Kindern wiederholt. Der Wörterhaufen wird beliebig lange fortgesetzt. Die Begriffe können aus einem Gebiet genommen werden. Wenn sie wahllos zusammengestellt sind, ist das Spiel dadurch erschwert. Die Wörter müssen nicht in der Reihenfolge genannt werden, in der sie vom Pädagogen vorgesprochen worden sind, es muss nur die Anzahl der Wörter stimmen. Der Pädagoge kann auch nur ein Kind bestimmen, welches die Begriffe wiederholen soll.

Letzter Buchstabe, erster Buchstabe

- Der Pädagoge spricht ein Wort vor, die Kinder sollen den letzten Buchstaben des Wortes identifizieren, sich merken und ein Wort bilden, welches mit diesem Buchstaben beginnt.

- Der Pädagoge bestimmt ein Kind, welches den Buchstaben erkennen, sich merken und ein neues Wort nennen soll. Das Kind bestimmt ein nächstes Kind.

Satzkette

- Der Pädagoge beginnt einen Satz mit einem Wort, die Kinder sprechen das Wort nach. Ein Kind darf das nächste Wort sagen. So geht es weiter, bis ein langer, aber sinnvoller Satz entsteht.

Übungen AG

- Der Pädagoge bestimmt nur ein Kind, welches den Satz konstruiert.

Schnellsprechsätze

- Der Pädagoge spricht sehr schnell einen längeren Satz vor, den ein Kind wiederholen soll.
  Das Spiel kann auch mit geschlossenen Augen gespielt werden.
  Das Spiel kann auch mit Hintergrundlärm gespielt werden.

Flüstern

- Der Pädagoge flüstert dem Kind einen Satz ins Ohr. Dieses Kind soll den Satz dem nächsten Kind ins Ohr flüstern. Das letzte Kind wiederholt laut den Satz. Die Länge der Sätze ist zu steigern.

Sich Geräusche merken

- Das Spiel soll im Freien gespielt werden. Man besucht mit den Kindern verschiedene Plätze wie z.B. den Bahnhof. Die Kinder sollen sich die verschiedenen Geräusche, die sie wahrnehmen, merken. Danach - es muss nicht sofort sein - spricht der Pädagoge mit den Kindern über die verschiedenen Geräusche, die sie gehört und die sie sich gemerkt haben.

Stimmen imitieren

- Der Pädagoge macht die Stimme eines Tieres nach, die Kinder sollen erraten, welches Tier es ist.

- Der Pädagoge bestimmt ein Kind, welches die Stimme eines Tieres nachahmen soll.

- Das Spiel kann auch mit anderen Geräuschen gespielt werden.

Übungen AG

Silbenklatschen

- Dem Kind werden verschiedene Wörter vorgeklatscht, das Kind wiederholt die Wörter in der gleichen Weise.
  Beispiele: Ha-se, Lo-ko-mo-ti-ve, Bahn-hof, Au-to, Kin-der-gar-ten, Rei-se-bus, Com-pu-ter, Glas, etc.

Zahlenreihe

- Eine Zahlenreihe wird vorgesprochen, die vom Kind wiederholt werden soll. Die Anzahl der Zahlen kann beliebig gesteigert werden.
  Beispiele: 1-3-5, 5-3-1, 1-1-2, 9-8-7, 9-9-9-9 etc.

Das ABC-Spiel

- Das gleiche Spiel, wie es schon im Bereich des optischen Gedächtnisses beschrieben worden ist, soll für das akustische Gedächtnis zusätzlich sehr intensiv und oftmals ausgesprochen werden, damit das Kind dieses auch von diesem Sinneskanal aus abspeichern kann.

Arbeitsblatt AG 1

 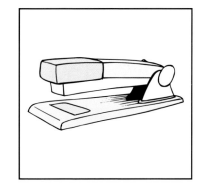

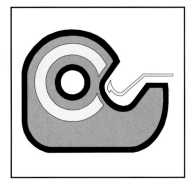 

Arbeitsblatt AG 2

Akustisches Gedächtnis

Arbeitsblatt AG 3

Akustisches Gedächtnis — Wahrnehmungstraining © 2017 DRC

Arbeitsblatt AG 4

Akustisches Gedächtnis · Wahrnehmungstraining © 2017 DRC

Arbeitsblatt AG 5

 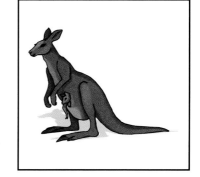

Akustisches Gedächtnis

Arbeitsblatt AG 6

 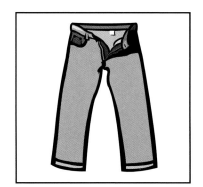

Akustisches Gedächtnis Wahrnehmungstraining © 2017 DRC

Arbeitsblatt AG 7

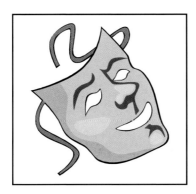 

Akustisches Gedächtnis

Arbeitsblatt AG 8

 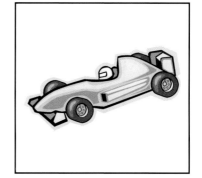

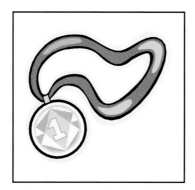 

Akustisches Gedächtnis   **Wahrnehmungstraining © 2017 DRC**

Arbeitsblatt AG 9

Akustisches Gedächtnis

Arbeitsblatt AG 10

Funktionstraining

Akustik

Akustische Serialität   **AS**

Übungen AS

Was kommt zuerst?

- Der Pädagoge spricht mit den Kindern über verschiedene Handlungsabläufe, die im Leben der Kinder immer wieder eine Rolle spielen. Dafür kann der Tagesablauf zu Hause, im Kindergarten oder in der Vorschule herangezogen werden. Das kann auch ein Ablauf, der nur eine Handlung beschreibt wie z.B. das Anziehen oder einen Nagel in die Wand schlagen, sein. Nachdem diverse Handlungsabläufe in das Bewusstsein der Kinder gebracht worden sind, kann man das sogenannte Handlungsablaufspiel spielen. Der Pädagoge beschreibt einen Ablauf und macht absichtlich Fehler in der Reihenfolge. Die Kinder müssen ihn ausbessern.

- Der Pädagoge bestimmt ein Kind, welches einen Handlungsablauf beschreibt. Die Kinder passen auf, ob die Reihenfolge richtig war.

Wörterkette

- Der Pädagoge nennt einen Begriff, der von den Kindern wiederholt wird. Der Pädagoge wiederholt den ersten Begriff und nennt einen nächsten. Beide Begriffe werden von den Kindern wiederholt. Die Wörterkette wird beliebig lange fortgesetzt. Die Begriffe können aus einem Gebiet genommen werden. Wenn sie wahllos zusammengestellt sind, ist das Spiel dadurch erschwert. Die Wörter müssen in der Reihenfolge genannt werden, in der sie vom Pädagogen vorgesprochen worden sind.

- Der Pädagoge bestimmt ein Kind, welches die Begriffe wiederholen soll.

Spiel mit Jahreszeiten, Monaten und Wochentagen

- Der Pädagoge singt mit den Kindern die verschiedenen Begriffe der Reihe nach, die Kinder wiederholen sie.

Übungen AS

Farbenkette

- Der Pädagoge nennt eine Farbe, ein Kind nennt die Farbe und eine nächste. Die Reihe kann beliebig lange fortgeführt werden.

ABC-Spiel

- Der Pädagoge erarbeitet mit den Kindern das ABC. Wenn das Alphabet von den Kindern beherrscht wird, kann das eigentliche Spiel beginnen. Die verschiedenen Platzierungen der einzelnen Buchstaben im Alphabet, z.B. welcher Buchstabe kommt nach dem L, werden vom Pädagogen oder von Kindern abgefragt. Alle Kinder dürfen antworten.

- Der Pädagoge bestimmt ein Kind, welches antworten soll.

- Das Spiel kann auch mit Zahlen gespielt werden.

Wörter trennen

- Der Pädagoge spricht lange Wörter vor und erklärt den Kindern, wie man Wörter trennen kann. Die Kinder sollen die vorgesprochenen Wörter nach den Silben trennen.

- Der Pädagoge bestimmt ein Kind, welches ein Wort trennen soll.

Wörter vervollständigen

- Der Pädagoge spricht die erste Silbe eines Wortes vor und die Kinder vervollständigen es.

- Der Pädagoge bestimmt ein Kind, welches das Wort vervollständigen soll.

Übungen AS

Zahlenkette

- Eine Zahl wird genannt und vom Kind wiederholt. Dann wird die erste und eine zweite Zahl genannt. Die Reihe wird so lange fortgesetzt, solang sich das Kind die Zahlen merkt.

Sätze vervollständigen

- Ein Satz wird mit einem Wort begonnen und beliebig lange fortgesetzt.

    Beispiel:
    Der
    Der Hund
    Der Hund bellt
    Der Hund bellt im
    Der Hund bellt im Haus
    Der Hund bellt im Haus vom
    Der Hund bellt im Haus vom Nachbarn
    Der Hund bellt im Haus vom Nachbarn so
    Der Hund bellt im Haus vom Nachbarn so laut, dass
    Der Hund bellt im Haus vom Nachbarn so laut, dass man…

Perlen auffädeln

- Perlen mit Löchern in vielen verschiedenen Farben und eine Schnur werden dem Kind zur Verfügung gestellt.
    Dem Kind wird nun angesagt, welches Muster es auffädeln soll. Die gleiche Aufgabe kann man auch mit anderem Material, beispielsweise mit Moosgummi, spielen.

    Beispiel:
    Zwei rote Perlen.
    Eine gelbe Perle.
    Drei blaue Perlen.
    Vier weiße Perlen. Dann die Wiederholung des Musters.

Übungen AS

Wörterketten

- Dem Kind wird ein zusammengesetztes Wort vorgesagt und nun muss es aus dem zweiten Teil des Wortes ein neues zusammengesetztes Wort finden.

Beispiel:
Spielkarte - Kartenhaus - Hausbau - Baumaschine etc.

Arbeitsblatt AS 1

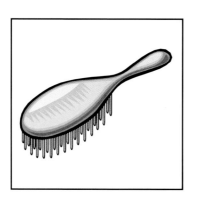 

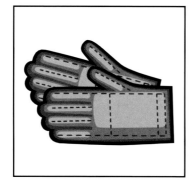 

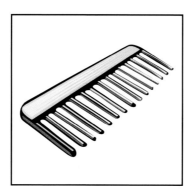 

Akustische Serialität

Arbeitsblatt AS 2

Akustische Serialität   **Wahrnehmungstraining © 2017 DRC**

Arbeitsblatt AS 3

Akustische Serialität **Wahrnehmungstraining © 2017 DRC**

Arbeitsblatt AS 4

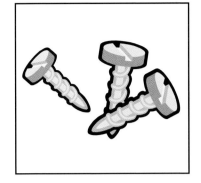

Akustische Serialität

Arbeitsblatt AS 5

 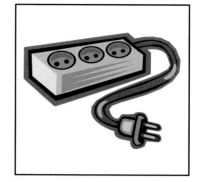

 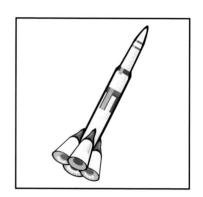

Akustische Serialität

Arbeitsblatt AS 6

 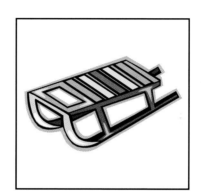

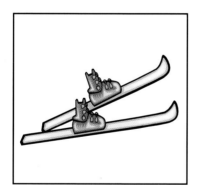 

Akustische Serialität   **Wahrnehmungstraining © 2017 DRC**

Arbeitsblatt AS 7

Akustische Serialität   **Wahrnehmungstraining © 2017 DRC**

Arbeitsblatt AS 8

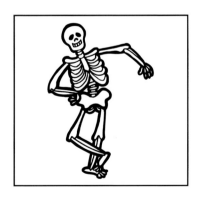

Akustische Serialität   Wahrnehmungstraining © 2017 DRC

Arbeitsblatt AS 9

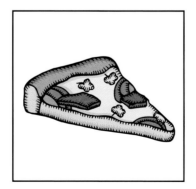 

Akustische Serialität

Arbeitsblatt AS 10

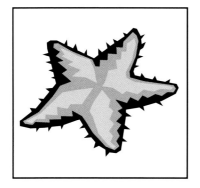

Akustische Serialität   **Wahrnehmungstraining © 2017 DRC**

Funktionstraining

Raumwahrnehmung

Raumorientierung — RO

Übungen RO

Raumtanz

- Der Pädagoge gibt den Kindern verschiedene Anweisungen, wie sie sich im Raum bewegen sollen. Er sagt z.B., dass sie sich zwei Schritte nach vorne bewegen sollen, drei Schritte nach rechts, eine ganze Drehung machen sollen…

Ortspiel

- Der Pädagoge erarbeitet mit den Kindern verschiedene Präpositionen des Ortes wie z.B. oben - unten - über - zwischen - vor - hinauf etc., dann werden diese Worte in Sätze gekleidet.

- Das Spiel kann auch mit einer bildlichen Darstellung der Orte gespielt werden, indem man z.B. Gegenstände oben, unten usw. anordnet und sie dann beschreibt.

- Der Pädagoge gibt einen Begriff vor, wie z.B. oben, und die Kinder müssen Gegenstände finden, welche so angeordnet sind.

- Die Spiele können auch mit nur einem Kind gespielt werden.

Größenspiel

- Der Pädagoge erarbeitet mit den Kindern verschiedene Größenbegriffe wie z.B. klein, mittel, groß, riesig, winzig etc. und bindet diese in Sätze ein.

- Der Pädagoge gibt einen Begriff vor und die Kinder müssen Beispiele für diesen im Raum finden.

- Ein Kind gibt einen Begriff vor und die Kinder müssen Beispiele dazu finden.

Übungen RO

Muster nachzeichnen

- Der Pädagoge zeichnet verschiedene Muster auf ein ausgebreitetes Packpapier. Die Kinder sollen diese Muster nachzeichnen.

- Der Pädagoge faltet das Packpapier in der Mitte zusammen, zeichnet ein Muster vor, breitet es auseinander und die Kinder sollen das gleiche Muster, nur auf der anderen Seite, nachzeichnen.

Muster nachbauen

- Der Pädagoge baut mit Bauklötzen oder anderem Konstruktionsmaterial Figuren vor und die Kinder sollen diese nachbauen.

- Der Sitzwinkel soll verändert werden. Entweder sitzen die Kinder auf der Seite der Konstruktionsmaterialien oder sie sitzen um 90 Grad oder 180 Grad verdreht.

- Das Spiel kann auch mit Zündhölzern gespielt werden.

Sortierspiel

- Verschiedene Formen wie Kreis, Rechteck etc. werden erarbeitet. Danach werden Gegenstände nach diesen Kriterien sortiert.

- Der Pädagoge beschreibt Gegenstände und die Kinder müssen sagen, welche Form diese haben.

Wegbeschreibungen

- Der Pädagoge spricht mit den Kindern darüber, wie man von einem Ort zum anderen wie z.B. in den Kindergarten kommt.

Übungen RO

Linien zeichnen

- Das Kind soll eine Linienanordnung, die der Pädagoge vorgezeichnet hat, laut Vorlage nachzeichnen.
  Die Aufgabe kann man erschweren, indem man dem Kind die Linien vorzeichnet, sie anschauen lässt und dann aus dem Gedächtnis nachzeichnen lässt.

Langsam - schnell

- Man nennt dem Kind zwei Tiere und fragt das Kind, welches Tier sich schneller fortbewegt.
  Beispiel: Schlange oder Vogel?

Innen - außen

- Man legt dem Kind einen Kreis aus einer Schnur vor. Man greift mit der Hand in den Kreis, man greift mit der Hand von innen nach außen. Dabei sagt man immer sehr deutlich, was man tut.

- Durch, dazwischen, darunter, darüber, oben, unten, rechts, links etc. als Ortsbezeichnungen werden dem Kind anhand von praktischen Demonstrationen verdeutlicht. Wichtig ist das deutliche Betonen der Bezeichnungen und gleichzeitiges Tun.

Arbeitsblatt RO 1

Raumorientierung   **Wahrnehmungstraining © 2017 DRC**

Arbeitsblatt RO 2

Raumorientierung   Wahrnehmungstraining © 2017 DRC

Arbeitsblatt RO 3

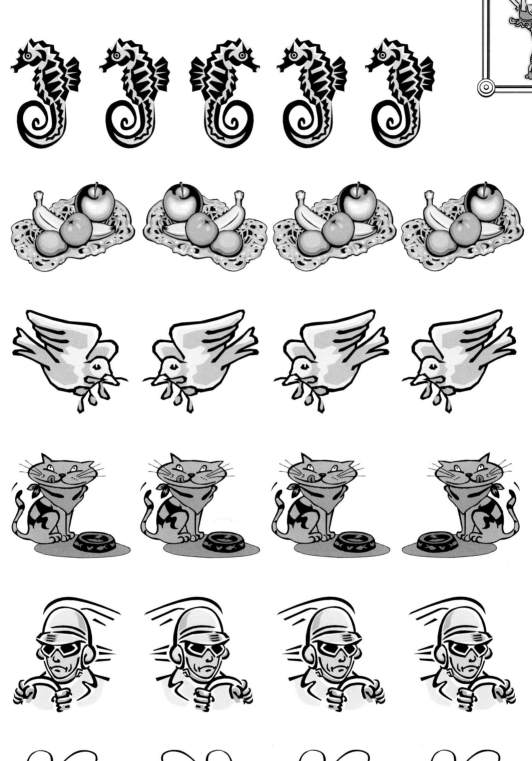

Raumorientierung　　　　　　　　　　　Wahrnehmungstraining © 2017 DRC

Arbeitsblatt RO 4

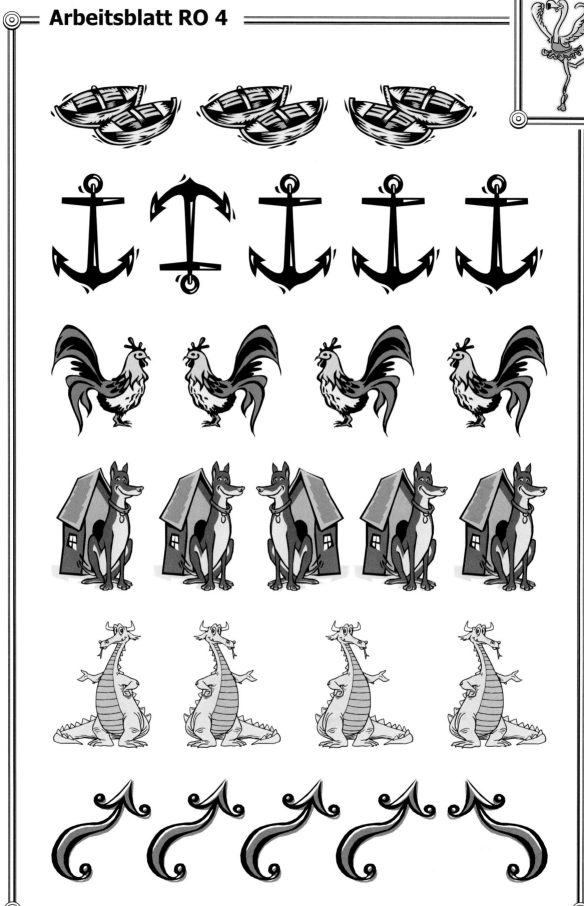

Raumorientierung Wahrnehmungstraining © 2017 DRC

Arbeitsblatt RO 5

Raumorientierung **Wahrnehmungstraining © 2017 DRC**

Arbeitsblatt RO 6

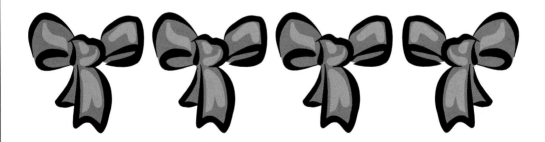

Raumorientierung   **Wahrnehmungstraining © 2017 DRC**

Arbeitsblatt RO 7

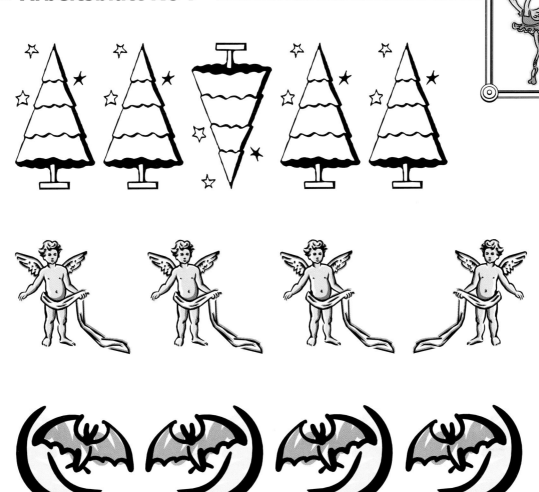

Raumorientierung　　　　　　　　　　　　　　Wahrnehmungstraining © 2017 DRC

Arbeitsblatt RO 8

Raumorientierung   Wahrnehmungstraining © 2017 DRC

Arbeitsblatt RO 9

Raumorientierung Wahrnehmungstraining © 2017 DRC

Arbeitsblatt RO 10

Raumorientierung Wahrnehmungstraining © 2017 DRC

Arbeitsblatt RO 11

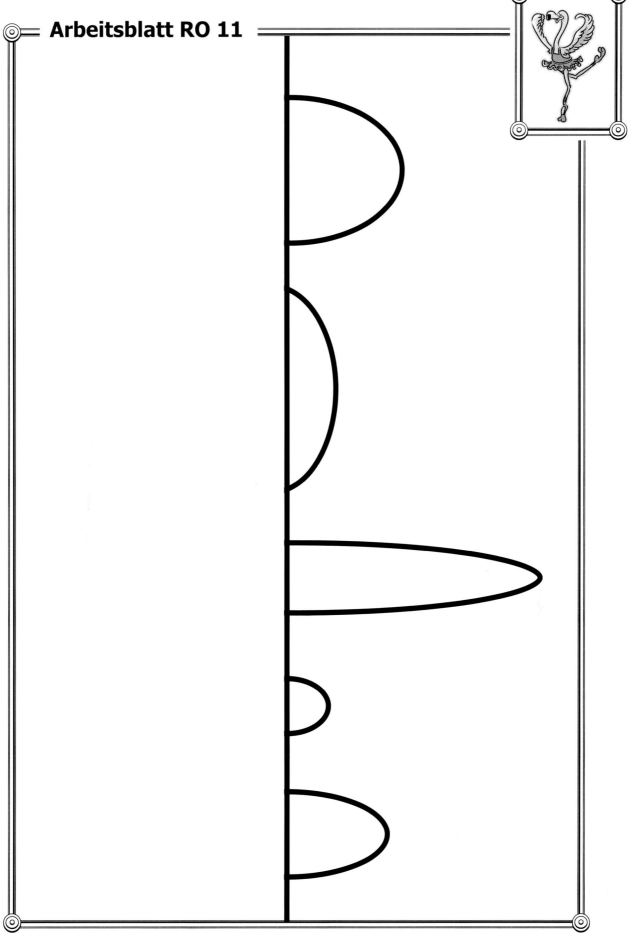

Raumorientierung　　　　Wahrnehmungstraining © 2017 DRC

Arbeitsblatt RO 12

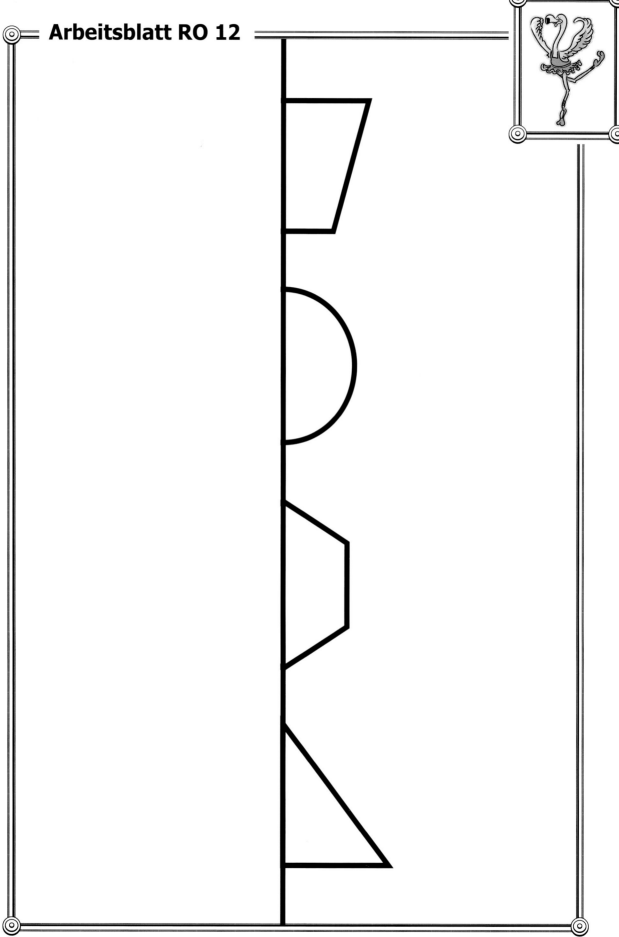

Raumorientierung Wahrnehmungstraining © 2017 DRC

Arbeitsblatt RO 13

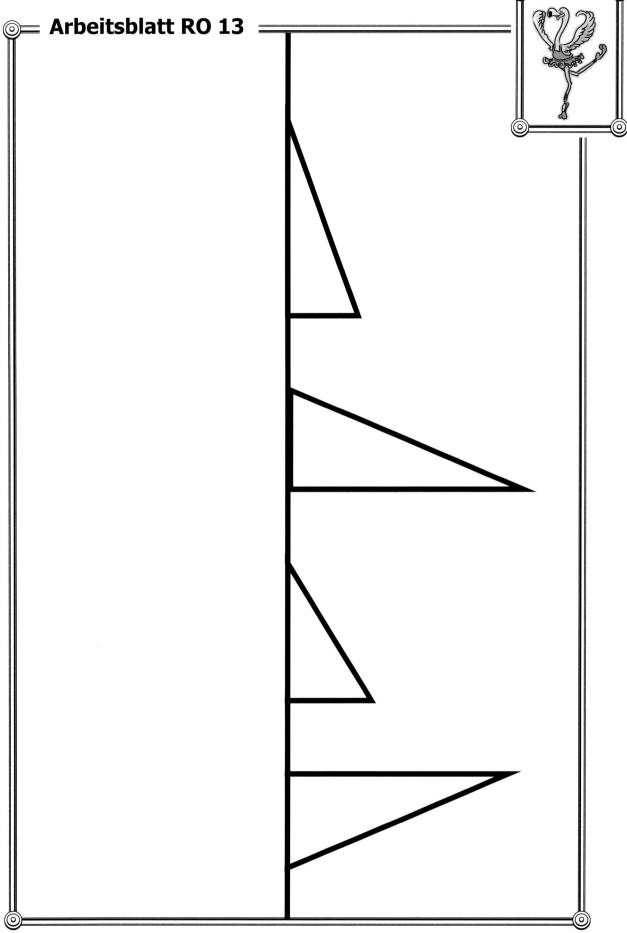

Raumorientierung **Wahrnehmungstraining © 2017 DRC**

Arbeitsblatt RO 14

Raumorientierung   Wahrnehmungstraining © 2017 DRC

Arbeitsblatt RO 15

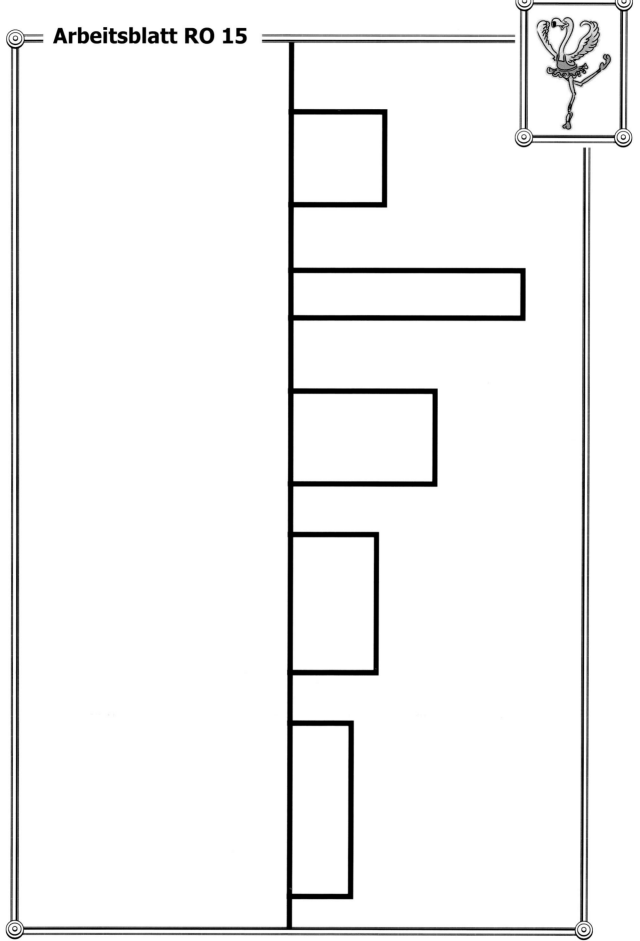

Raumorientierung **Wahrnehmungstraining © 2017 DRC**

Arbeitsblatt RO 16

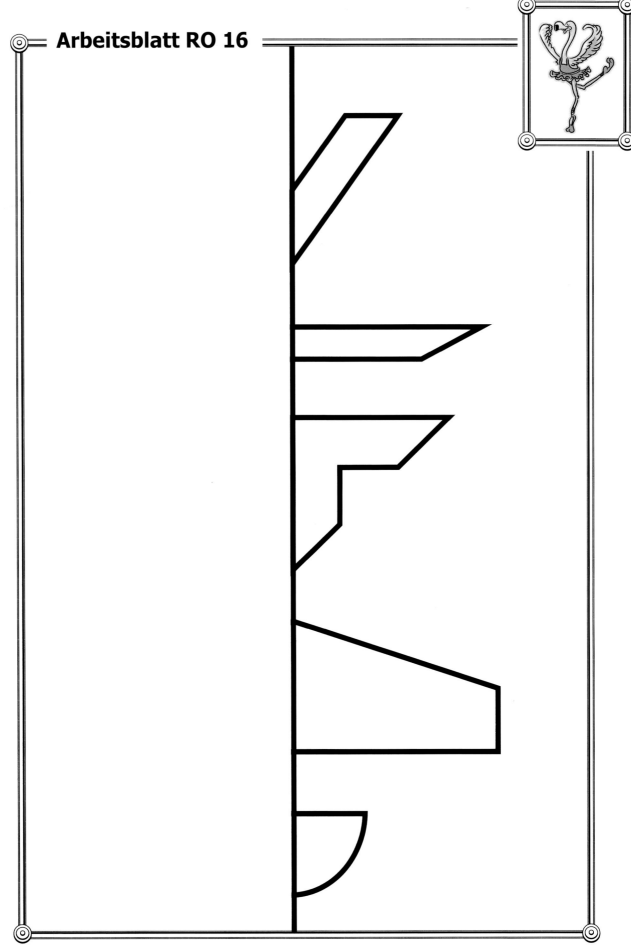

Raumorientierung   **Wahrnehmungstraining © 2017 DRC**

Arbeitsblatt RO 17

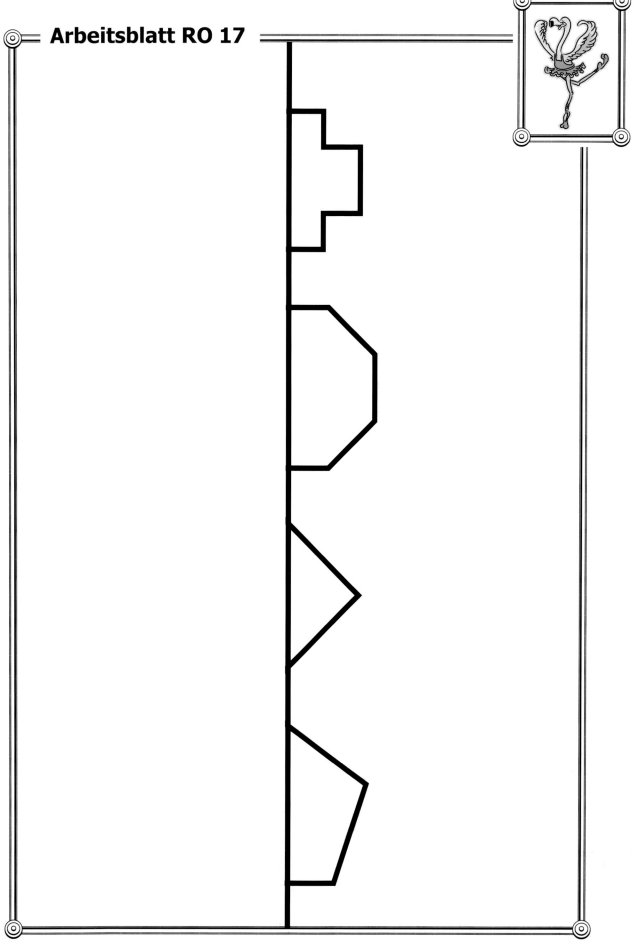

Raumorientierung   Wahrnehmungstraining © 2017 DRC

Arbeitsblatt RO 18

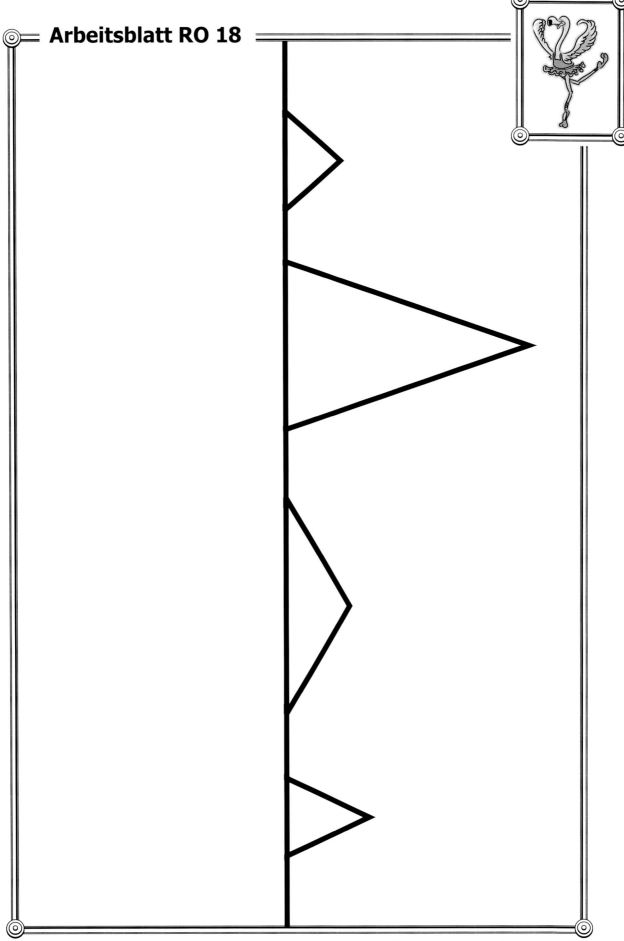

Raumorientierung Wahrnehmungstraining © 2017 DRC

Arbeitsblatt RO 19

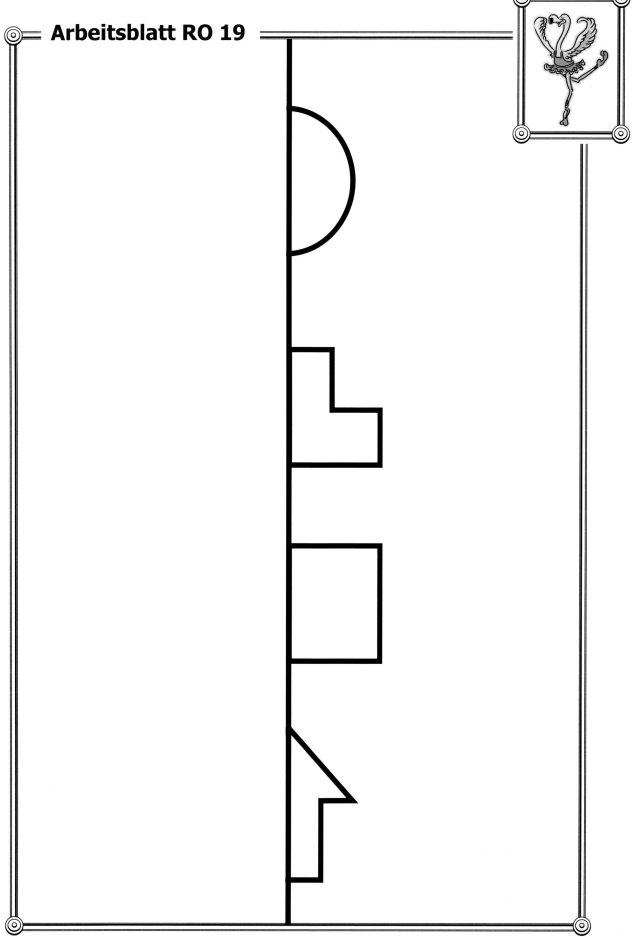

Raumorientierung   **Wahrnehmungstraining © 2017 DRC**

Arbeitsblatt RO 20

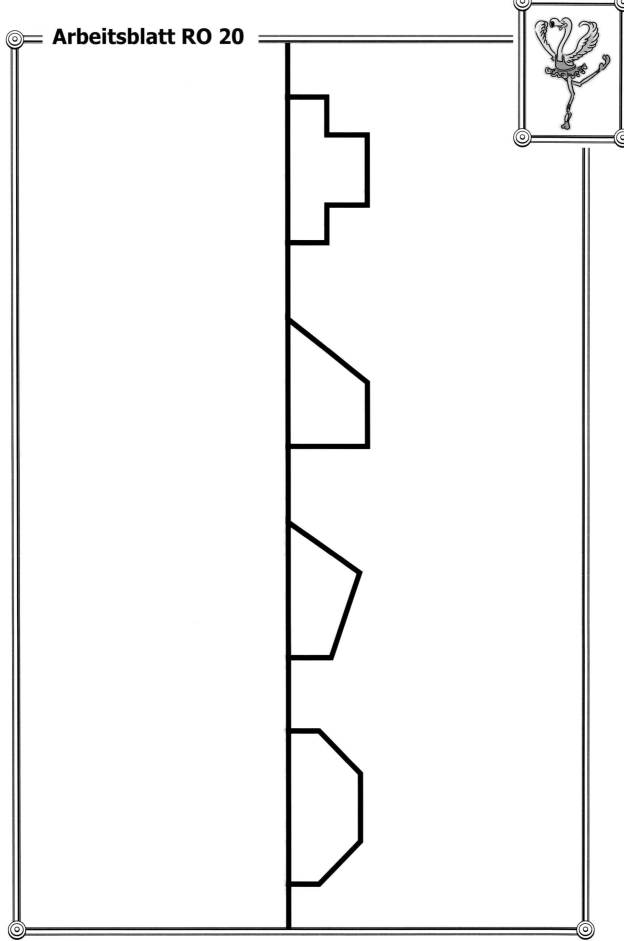

Raumorientierung Wahrnehmungstraining © 2017 DRC

Arbeitsblatt RO 21

Raumorientierung

Arbeitsblatt RO 22

Raumorientierung Wahrnehmungstraining © 2017 DRC

Arbeitsblatt RO 23

Raumorientierung **Wahrnehmungstraining © 2017 DRC**

Arbeitsblatt RO 24

Raumorientierung

Arbeitsblatt RO 25

Raumorientierung **Wahrnehmungstraining © 2017 DRC**

Arbeitsblatt RO 26

Raumorientierung Wahrnehmungstraining © 2017 DRC

Arbeitsblatt RO 27

Raumorientierung Wahrnehmungstraining © 2017 DRC

Arbeitsblatt RO 28

Raumorientierung   Wahrnehmungstraining © 2017 DRC

Arbeitsblatt RO 29

Raumorientierung   **Wahrnehmungstraining © 2017 DRC**

Arbeitsblatt RO 30

Raumorientierung

Funktionstraining

Raumwahrnehmung

Körperschema / Handgeschick KS/HG

Übungen KS/HG

Meine Körperteile

- Der Pädagoge erarbeitet mit den Kindern die Körperteile, indem er einen Teddybären zur Hand nimmt.

- Der Pädagoge beschreibt einen Körperteil und alle Kinder müssen zeigen, ob sie wissen, welcher gemeint ist.

- Der Pädagoge sitzt mit den Kindern in einer Reihe und hebt z.B. die rechte Hand, alle Kinder sollen die rechte Hand heben.

- Der Pädagoge bestimmt ein Kind, welches einen Körperteil bewegen soll, und die Kinder bewegen den gleichen Teil ihres Körpers.

- Der Pädagoge setzt sich den Kindern gegenüber hin, hebt eine Hand und die Kinder sollen die gleiche Hand heben.

- Der Pädagoge bestimmt ein Kind, welches den gleichen Körperteil bewegt.

- Der Pädagoge bestimmt ein Kind, welches Übungen vormacht.

- Der Pädagoge setzt sich um 90 Grad verdreht zu den Kindern hin und bewegt immer einen Körperteil. Die Kinder sollen den gleichen Körperteil bewegen.

Synchronmalen

- In der Mitte des Packpapiers oder einer Tafel hat der Pädagoge vorher eine Linie gezogen. Mit beiden Händen wird auf Packpapier oder eine Tafel gezeichnet. Es kann dabei Kreide, Fingerfarben u.a. verwendet werden. Bei einer guten Körperkoordination schaut die Zeichnung auf beiden Seiten gleich aus.

Übungen KS/HG

Körperzeichnen

- Der Pädagoge zeichnet auf den Rücken eines Kindes eine schematische Darstellung. Das Kind soll erspüren, was es sein könnte.
Ein Kind zeichnet dem Pädagogen eine Zeichnung auf den Rücken. Dieser soll erspüren, was es ist.
Das Spiel kann auch mit Buchstaben oder Zahlen gespielt werden.

Schattentanzen

- Eine Lampe wird aufgestellt. Die Personen, welche sich vor die Lampe stellen, werfen einen Schatten auf die Wand. Vom Pädagogen werden Figuren vorgezeigt, welche die Kinder nachahmen müssen.

- Ein Kind zeigt eine Figur vor, welche nachgeahmt werden muss.

Körperfunktionen

- Der Pädagoge erarbeitet mit den Kindern die Funktionen der verschiedenen Körperteile. Was kann ich mit meiner Hand machen? Wie viele Finger hat meine Hand? Was ist ein Muskel?

- Der Pädagoge nennt die Funktion eines Körperteiles, dabei unterlaufen ihm aber Fehler. Die Kinder sollen diese Fehler entdecken.

- Der Pädagoge bestimmt ein Kind, welches eine Funktion beschreiben soll, die Kinder sollen eventuelle Fehler bemerken.

Klein - groß

- Den Unterschied kann man anhand der Körpergröße erklären.

Übungen KS/HG

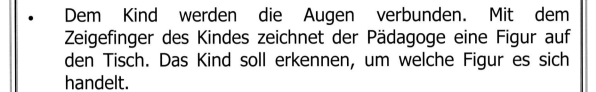

Blind zeichnen

- Dem Kind werden die Augen verbunden. Mit dem Zeigefinger des Kindes zeichnet der Pädagoge eine Figur auf den Tisch. Das Kind soll erkennen, um welche Figur es sich handelt.

Kopf - Körpermitte - Füße

- Für dieses Spiel muss das Kind schon bis zehn zählen können. Man bestimmt den Kopf mit 1, die Körpermitte ist 5 und die Füße sind 10.
Wo ist nun 3, 7, 9 etc.?

Förderung der Fingerfertigkeit

- Man lässt das Kind Holzbauklötze mit Silberpapier umwickeln. Klebebilder werden abgezogen und zielgerecht aufgeklebt.
Die Maus des Computers ist ein brauchbares Gerät zur Schulung der Fingerfertigkeit.

Tastübungen

- Verschiedene Gegenstände, Stoffe, Fell, Leder etc. werden unter einem Tuch versteckt. Das Kind darf die verschiedenen Gegenstände ertasten und soll sie identifizieren.

Körper - Hand - Fuß

- Das Körperbewusstsein bekommt das Kind auch durch das Ummalen des gesamten Körpers, der Hand oder des Fußes.
Dazu braucht man einen großen Packpapierbogen, das Kind kann sich drauflegen und der Pädagoge zeichnet den gesamten Körper nach. Das Nachzeichnen einer Hand oder eines Fußes kann das Kind selbst machen.
Das Ausmalen oder Anmalen der entstandenen Figuren macht auch zusätzlich Spaß!

Arbeitsblatt KS 1

Körperschema   **Wahrnehmungstraining © 2017 DRC**

Arbeitsblatt KS 2

Körperschema

Arbeitsblatt KS 3

Körperschema   **Wahrnehmungstraining © 2017 DRC**

Arbeitsblatt KS 4

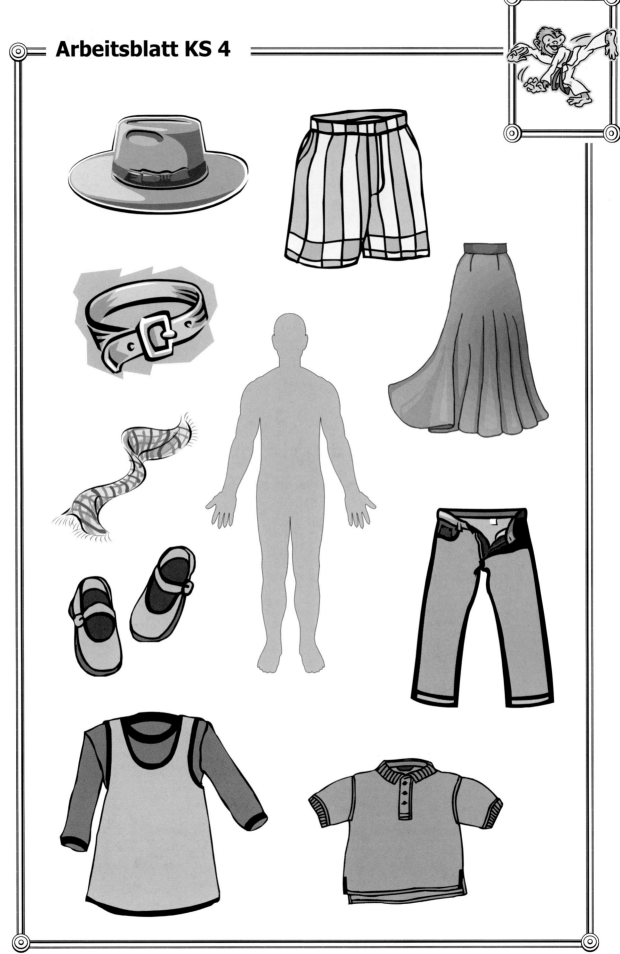

Körperschema

Arbeitsblatt KS 5

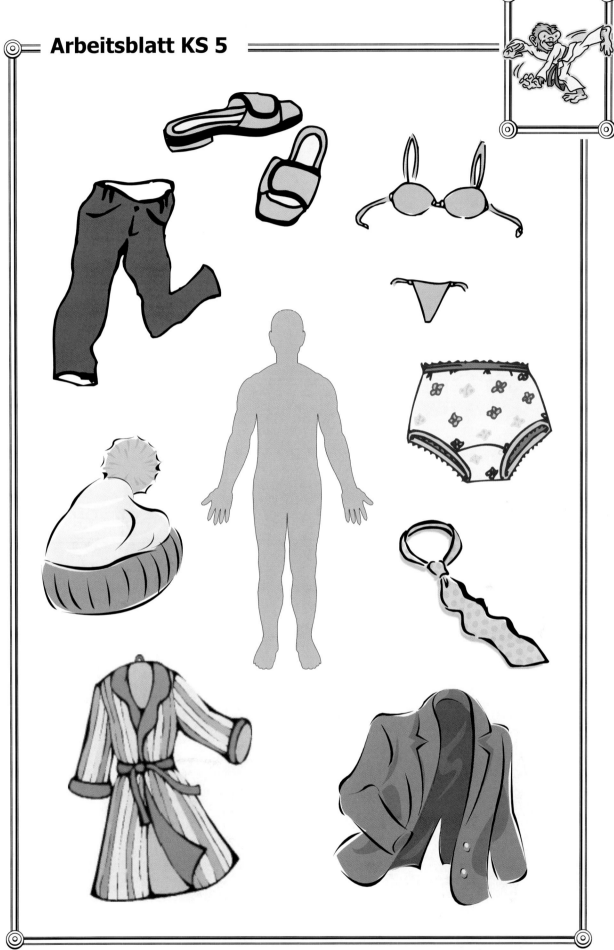

Körperschema

Arbeitsblatt KS 6

Körperschema Wahrnehmungstraining © 2017 DRC

Arbeitsblatt KS 7

Körperschema — Wahrnehmungstraining © 2017 DRC

Arbeitsblatt KS 8

Körperschema Wahrnehmungstraining © 2017 DRC

Arbeitsblatt KS 9

Körperschema

Arbeitsblatt KS 10

Körperschema Wahrnehmungstraining © 2017 DRC

Buchstaben

A B C D
E F G H I
J K L M N
O P Q R
S T U V
W X Y Z

Wahrnehmungstraining © 2017 DRC

Zahlen

1 2 3

4 5 6

7 8 9

0

Wahrnehmungstraining © 2017 DRC

Schlusswort

Die spezielle Förderung im Bereich der vorschulischen Erziehung bei manchen Kindern ist für die späteren Schulleistungen ausgesprochen wichtig! Das sollte man als eine Tatsache ansehen.

Die Kleinkindpädagogen bemühen sich auch, dieser besonderen Bedeutung mit allen ihnen zur Verfügung stehenden Mitteln gerecht zu werden. Tatsächlich ist dies nicht immer leicht. Vielfach sind die Gruppengrößen nicht entsprechend, oder auch das Interesse der Eltern, deren Verständnis und Hilfe man benötigt, lässt manchmal zu wünschen übrig. Nicht selten werden den Kleinkindpädagogen regelrechte Abfuhren erteilt, den Wortlaut "Mein Kind ist doch nicht dumm!" hat wohl schon jeder gehört, der sich in diesem Beruf bemüht. Oftmals werden Aussagen, die im Zusammenhang mit beispielsweise differenten Sinneswahrnehmungen stehen, welche von den Pädagogen gemacht werden, von den Eltern falsch verstanden. Durch das Wissensdefizit der Eltern kommt es zu Überreaktionen.

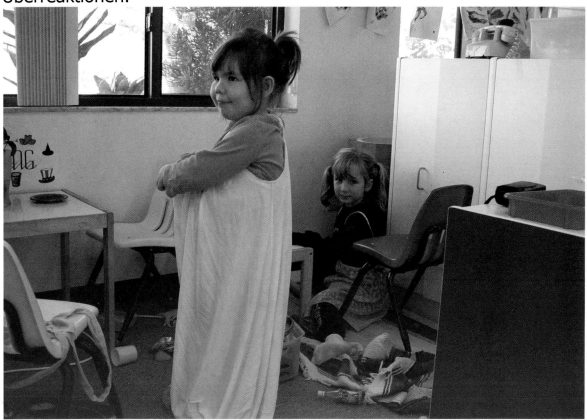

Deshalb ist es sehr wichtig, den Eltern in klaren Worten Grundsätzlichkeiten zu erklären. Dazu benötigt man aber ein ausreichendes Wissen über die Thematik. Dem wurde in dem vorliegenden Buch Genüge getan und es wurde darauf Wert gelegt, in übersichtlicher Form erstens die Entwicklungsstufen des Kindes aufzuzeigen, zweitens die Bedeutung von einwandfreien Sinneswahrnehmungen für spätere Schulleistungen darzulegen, drittens eine einfache, schnell durchzuführende Kontrollmöglichkeit zu geben, welche beim Kind eventuelle differente Sinneswahrnehmungen aufdeckt, und viertens ein umfangreiches Material für die Förderung in den verschiedenen Teilgebieten der Sinneswahrnehmungen zur Verfügung zu stellen. Speziell der umfangreiche praktische Teil soll gewährleisten, dass der Kleinkindpädagoge oder auch die Eltern mit dem Kind ein abwechslungsreiches Training gestalten können.

Wichtig ist, dass das Verbessern der Sinneswahrnehmungen für die Kinder immer in einer spielerischen Form passiert und dass mit dem Lob für erbrachte Leistungen nicht gespart wird. Auf keinen Fall soll es zu einem Zwang ausarten, sondern Spaß machen! Die ausreichende Förderung der Kinder auf dem Gebiet der Sinneswahrnehmungen im Vorschulalter macht sich bezahlt und erspart später mitunter den Kindern viel Kummer und Leid!

Nützliche Internetlinks
zu den Themen Legasthenie & Dyskalkulie

Fernstudium zum diplomierten Legasthenietrainer
http://www.legastheniefernstudium.com
Fernstudium zum diplomierten Dyskalkulietrainer
http://www.dyskalkuliefernstudium.com
Umfassende Ausbildungen für Interessierte aus aller Welt!

Diplomierte Legasthenie- & Dyskalkulietrainer aus der ganzen Welt
http://www.legasthenietrainer.com
http://www.dyskalkulietrainer.com
Sie suchen einen Spezialisten in Ihrer Nähe? Suchen Sie nicht länger!

Sie suchen nach Informationen zu den Themen Legasthenie, Lese-Rechtschreibschwäche (LRS), Dyskalkulie oder Rechenschäche im Internet?

… Hier sind Sie richtig!

⇒ Gratis Download von Programmen und Informationen

⇒ Shop mit Büchern, Spielen und Software

⇒ Professionelle Hilfe in Ihrer Nähe

⇒ Neues über das Phänomen

⇒ Tests, Richtlinien und Umgang mit betroffenen Menschen

Arbeitsblätter und Materialien
http://www.arbeitsblaetter.org
Kostenlos stellen hier diplomierte Legasthenie- & Dyskalkulietrainer mehr als 20.000 Arbeitsblätter und Trainingsmaterialien bei Legasthenie, LRS, Dyskalkulie, oder Rechenschwäche zur Verfügung.

EÖDL Online-Shop
http://shop.legasthenie.com
Bücher, Computerprogramme, Trainingsmaterialien... Die Autor/innen sind „Im Dienste legasthener und dyskalkuler Menschen" tätig.

EÖDL - Erster Österreichischer Dachverband Legasthenie
http://www.legasthenie.at
Österreichs größter Legasthenieverband mit Aktivitäten aus allen Bundesländern.

DVLD - Dachverband Legasthenie Deutschland e.V.
http://www.legasthenieverband.org
Ständig aktualisiert mit News, Erlässen, Aktivitäten aus Deutschland, bietet Rat und Hilfe für legasthene und dyskalkule Menschen.

Bücher & Materialien
des Ersten Österreichischen Dachverbandes Legasthenie

Der legasthene Mensch
Dr. Astrid Kopp-Duller

Hat Ihr begabtes Kind Schwierigkeiten beim Lesen, Schreiben oder Rechnen? Was Lehrer und Eltern über Legasthenie, Lese-Rechtschreibschwäche, Dyskalkulie und Rechenschwäche wissen sollten!
Preis: € 16.90

Legasthenie - Training nach der AFS-Methode
Dr. Astrid Kopp-Duller

Legasthenie erkennen - verstehen - akzeptieren - bewältigen! Diese methodische Handreichung enthält viele praktische Ideen für das Training von legasthenen oder lese-rechtschreibschwachen Kindern. Inkl. CD-Rom mit Arbeitsblättern zum Ausdrucken.
Die **LEGASTHENIE-BIBEL**! **Preis: € 36.00**

Legasthenie - Dyskalkulie !?
Dr. Astrid Kopp-Duller, Livia R. Pailer-Duller

Die Bedeutsamkeit der pädagogisch-didaktischen Hilfe bei Legasthenie, Dyskalkulie und anderen Schwierigkeiten beim Schreiben, Lesen und Rechnen. Liefert klare Antworten aus der pädagogischen Forschung. **Preis: € 16.90**

Dyskalkulie - Training nach der AFS-Methode
Dr. Astrid Kopp-Duller, Mag. Livia R. Pailer-Duller

Zahlreiche Übungen für Kinder mit Dyskalkulie oder Rechenschwäche für ein erfolgreiches Training - vom Erlernen des Zahlbegriffes bis hin zu den Grundrechenarten. Inkl. CD-Rom mit Arbeitsblättern zum Ausdrucken.
Die **DYSKALKULIE-BIBEL**! **Preis: € 32.00**

Legasthenie im Erwachsenenalter
Dr. Astrid Kopp-Duller, Mag. Livia R. Pailer-Duller

Jeder erwachsene Mensch muss das Schreiben und Lesen zumindest in den Grundzügen ausreichend beherrschen. Es wird besonderer Wert auf die Hilfestellung für ein gezieltes praktisches Training gelegt. Inkl. CD-Rom mit Arbeitsblättern und zum Ausdrucken. **Preis: € 21.00**

Training der Sinneswahrnehmungen im Vorschulalter
Dr. Astrid Kopp-Duller, Mag. Livia R. Pailer-Duller

Warum lässt sich eine Legasthenie im Vorschulalter nicht gesichert feststellen? Eine Auflistung von Anzeichen, die auf differente Sinneswahrnehmungen schließen lassen. Inkl. CD-Rom mit Testunterlagen und Arbeitsblättern zum Ausdrucken. **Preis: € 32.00**

Dyskalkulie im Erwachsenenalter
Dr. Astrid Kopp-Duller, Livia R. Pailer-Duller

Ein gezieltes individuelles Training, das mit Hilfe eines im Buch enthaltenem Feststellungsverfahren geplant wird, ist der nächste bedeutende Schritt zum nachhaltigen Erfolg. Inkl. CD-Rom mit Arbeitsblättern und zum Ausdrucken. **Preis: € 21.00**

Legasthenie und Fremdsprache Englisch - Training nach der AFS-Methode
Dr. Astrid Kopp-Duller, Mag. Livia R. Pailer-Duller

Mit vielen praktischen Ideen für den Unterricht und das gezielte Training von legasthenen Kindern in der Fremdsprache Englisch, damit der Schulalltag besser bewältigt werden kann. Inkl. CD-Rom mit Arbeitsblättern zum Ausdrucken. **Preis: € 32.00**

Easy Reading Leseschablone

Lesen in Farbe! Patentierte Leseschablone für alle (auch nicht legasthene) Kinder im Grundschulalter aus hochwertigem Kunststoff. Einfacher, schneller, besser - und Kinder lesen wieder gerne! Mit eigens dafür entwickelter Lesetechnik. **Preis: € 9.80**

Bestellung möglich per:

Post: Feldmarschall Conrad Platz 7, A-9020 Klagenfurt

Internet: http://shop.legasthenie.com

Email: mail@legasthenie.com

Tel.: +43 463 55660
Fax: +43 463 269120